LOS SURCOS DEL AZAR

PACO ROCA
LOS SURCOS DEL AZAR

ASTIBERRI

LOS SURCOS DEL AZAR

© 2013 Paco Roca
© 2013 Robert S. Coale por el epílogo
© 2014 Astiberri Ediciones por la presente edición
Colección Sillón Orejero

Diseño: Paco Roca/Manuel Bartual
Maquetación: Manuel Bartual
www.estudiomanuelbartual.com

ISBN: 978-84-15685-36-4
Depósito legal: BI-1854-13
Impresión: Grafo
1.ª edición: noviembre 2013
2.ª edición: enero 2014

Astiberri Ediciones
Apdo. 485
48080 Bilbao
info@astiberri.com
www.astiberri.com

PEFC Certificado
Este producto procede
de bosques gestionados
de forma sostenible
y fuentes controladas
PEFC
PEFC/14-33-00010   www.pefc.org

"Para qué llamar caminos
a los surcos del azar"
Antonio Machado

CAPÍTULO I
MARTES / **EL FIN**

BOUM

BOUM BANG TATATA

TA TA TA TA **BOOOOM** BANG

PUERTO DE ALICANTE.
28 DE MARZO DE 1939.

¡NO HA LLEGADO!

MIERDA, MIGUEL. ¿DÓNDE ESTABAS? NOS TENÍAS PREOCUPADOS.

NO HA LLEGADO TODAVÍA, GRANELL.

¡CAPITÁN, HAY QUE SUBIR LA ESCALERILLA O NOS IREMOS A PIQUE!

ESPEREMOS UN POCO MÁS.

LLEVAMOS EL TRIPLE DE PESO. HAY QUE ZARPAR YA.

¡VOLCAREMOS, CAPITÁN!

ESTÁ BIEN... DÉ LA ORDEN DE ZARPAR.

YA NO PODEMOS HACER MÁS.

¡SOLTAD AMARRAS!

BANG   TATATA

BANG   BOOM   TATATA   BOOM
BANG

VOLVEREMOS, MIGUEL, YA VERÁS.

ESPAÑA VOLVERÁ A SER LIBRE.

STANBROOK

21

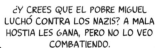

VERÁS, ESTOY HACIENDO UNA HISTORIA SOBRE ESPAÑOLES QUE COMBATIERON AL FASCISMO EN LA SEGUNDA GUERRA MUNDIAL Y...

¿Y CREES QUE EL POBRE MIGUEL LUCHÓ CONTRA LOS NAZIS? A MALA HOSTIA LES GANA, PERO NO LO VEO COMBATIENDO.

UN AMIGO HISTORIADOR, QUE HA INVESTIGADO EL TEMA, ESTÁ CASI SEGURO DE ELLO.

QUERÍA CHARLAR CON ÉL SOBRE AQUELLOS AÑOS. DEBE SER YA DE LOS POCOS QUE AÚN VIVEN.

NO ES MUY HABLADOR.

POSIBLEMENTE COMBATIÓ A LAS ÓRDENES DEL GENERAL LECLERC.

¿EL ABUELO MIGUEL HIZO LA GUERRA JUNTO A LECLERC?

LA VERDAD ES QUE NO SÉ MUCHO DE ESA PARTE DE SU VIDA. NUNCA HABLA DE ESO.

¿LO CONOCES HACE MUCHO TIEMPO?

DESDE SIEMPRE. YA VIVÍA AQUÍ CUANDO MIS PADRES SE MUDARON AL EDIFICIO.

25

NO FUMAR, PLEASE.

NADIE FUMAR.

SPLALSH

CAPÍTULO II
MIÉRCOLES / **EL EXILIO**

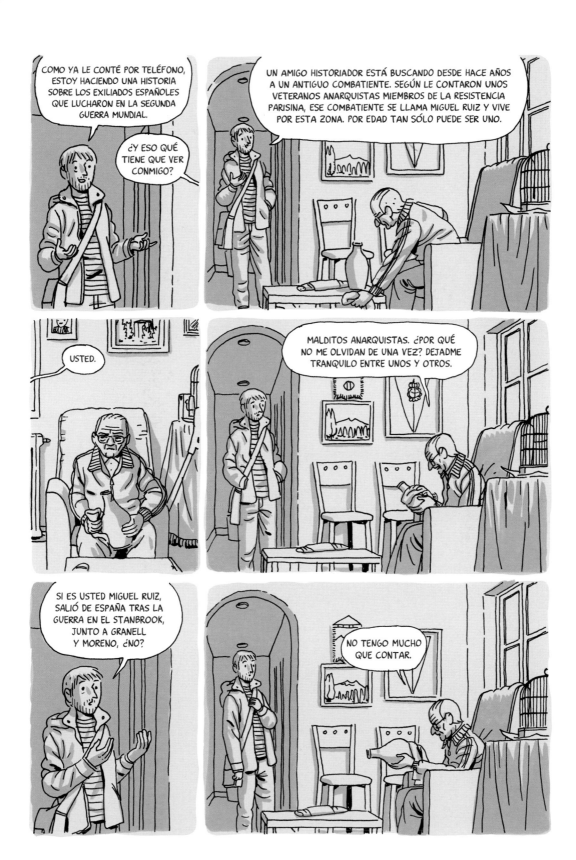

¡TODO A ESTRIBOR!

¡RÁPIDO!

EN LOS DÍAS QUE LLEVÁBAMOS ALLÍ SÓLO AQUEL BUQUE HABÍA LOGRADO ENTRAR EN EL PUERTO, PERO NO SE ATREVIÓ A AMARRAR AL VER A TODA AQUELLA GENTE ALLÍ Y DIO MEDIA VUELTA.

¿Y YA NO LLEGÓ NINGÚN OTRO BARCO HASTA QUE AMARRÓ EL STANBROOK? ¿Y QUÉ PASÓ DESPUÉS, LLEGARON MÁS BARCOS?

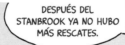

DESPUÉS DEL STANBROOK YA NO HUBO MÁS RESCATES.

¿QUÉ FUE DE ESAS QUINCE MIL PERSONAS QUE SE QUEDARON EN EL PUERTO SIN PODER EMBARCAR?

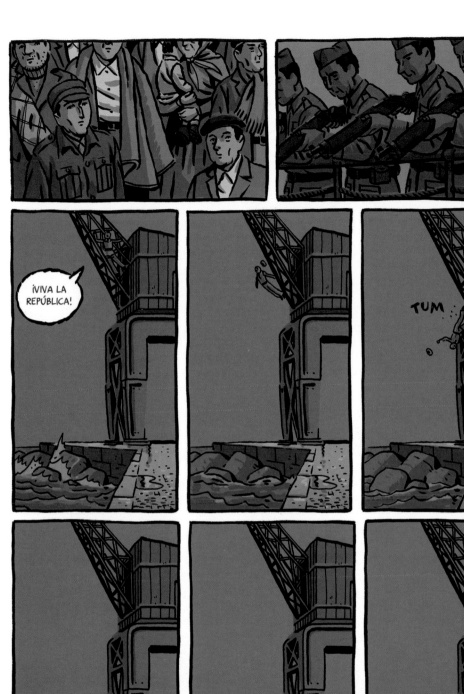

ÉSE FUE EL FINAL DE LA GUERRA.

¿ADÓNDE LES LLEVÓ EL STANBROOK?

A ORÁN.

¿CUÁNTOS DÍAS DURÓ LA TRAVESÍA?

UN PAR CREO... NO LO RECUERDO BIEN. DORMIMOS DE PIE PORQUE NO HABÍA ESPACIO PARA TODOS.

POCO ESPACIO, SIN COMIDA, SIN AGUA, CON ENFERMOS, NIÑOS...

SÍ.

CAPÍTULO III
JUEVES / **LA CÁRCEL DE ARENA**

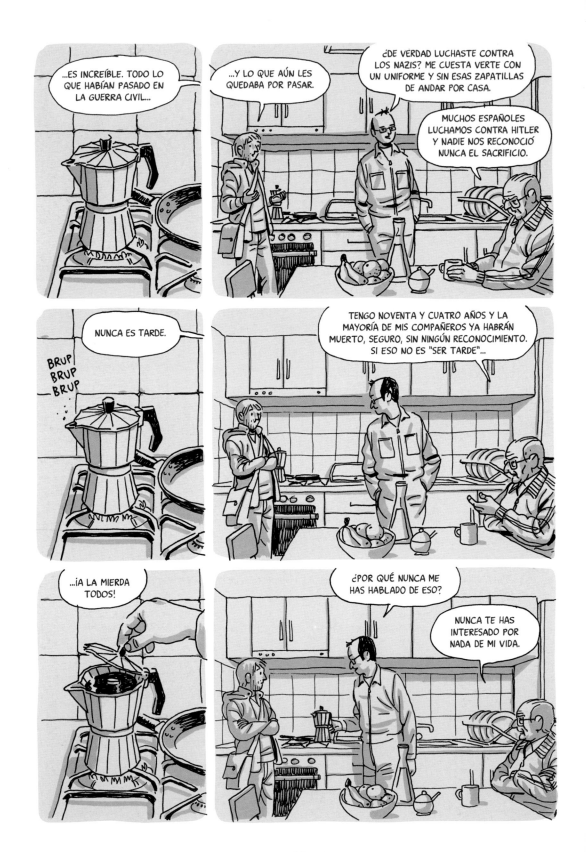

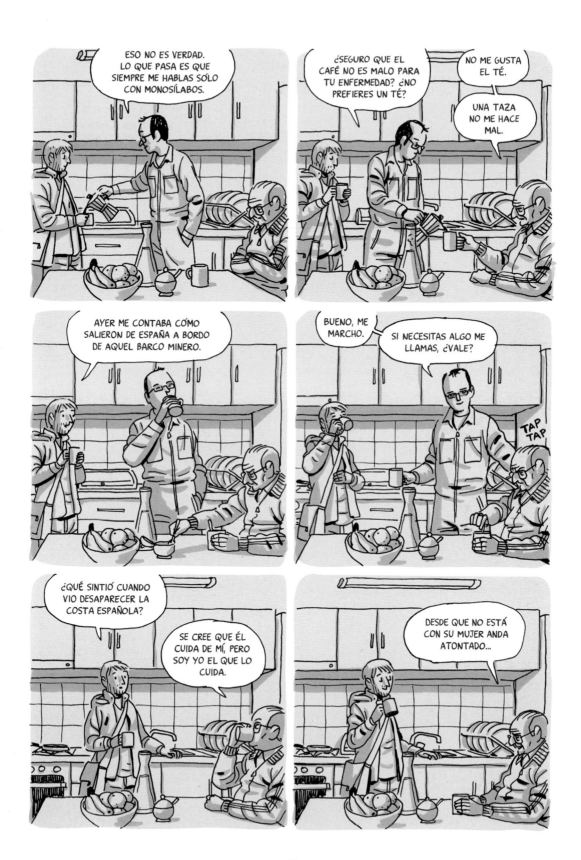

48

ORÁN

NO PODEMOS HACER NADA. SON ÓRDENES.

LA MAYORÍA ESTÁN ENFERMOS, AGOTADOS...

SEÑOR LLOPIS, EL GOBIERNO FRANCÉS NO NOS PERMITE DESEMBARCAR, SÓLO PUEDEN HACERLO LOS QUE ESTÉN DOCUMENTADOS. EL RESTO DEBE QUEDARSE EN EL BARCO.

ES INDIGNANTE, INDIGNANTE. ESE ALCALDE FASCISTA ESTÁ DEL LADO DE FRANCO.

HAY MÁS DE TRES MIL PERSONAS AHÍ, APIÑADAS.

UNA VEZ DESEMBARQUEN LAS PERSONAS CON PASAPORTE, NOS OBLIGAN A ABANDONAR EL PUERTO.

PERO YA NOS HAN COMUNICADO QUE NI EL GOBIERNO FRANCÉS NI EL INGLÉS NOS PERMITIRÁN DESEMBARCAR EN SUS TERRITORIOS.

¡ESTA GENTE NO AGUANTARÁ HACERSE DE NUEVO A LA MAR!

LO QUE QUIEREN ES CONVERTIRNOS EN UNOS PARIAS QUE VAN DE PUERTO EN PUERTO HASTA QUE MURAMOS TODOS Y ASÍ ACABE EL PROBLEMA FUERA DE SU TERRITORIO.

¿Y USTED QUIÉN ES?

COMANDANTE AMADO GRANELL.

SI SALIMOS DE ESTE PUERTO MORIREMOS TODOS.

ESTOY DE ACUERDO.

NO PODEMOS OBEDECER Y SOLTAR AMARRAS.

HAY QUE SABOTEAR EL BARCO PARA QUE NO PUEDAN OBLIGARNOS A ZARPAR.

¿QUÉ OPINA USTED, CAPITÁN DICKSON?

UN PAQUETE POR PERSONA, CON HABAS, HIGOS, DÁTILES...

¿QUÉ MÁS ME DAS POR ESTOS CIGARILLOS?

UNA LATA DE SARDINAS.

...POR LO MENOS LAS PROTESTAS INTERNACIONALES HAN CONSEGUIDO QUE NO NOS EXPULSEN DE ORÁN.

PLOP

PERO HASTA CUÁNDO NOS VAN A TENER AQUÍ COMO ANIMALES.

CAGANDO POR LA BARANDILLA PORQUE SÓLO HAY UN PAR DE VÁTERES PARA TODOS.

...REPITO. SÓLO PUEDEN DESEMBARCAR LAS MUJERES Y LOS NIÑOS.

SÓLO LAS MUJERES Y LOS NIÑOS...

¿ADÓNDE VAS?

...NO SE SEPAREN DEL GRUPO Y VAYAN AL CAMIÓN QUE LES HAYA SIDO ASIGNADO POR LAS AUTORIDADES PORTUARIAS.

¡FIUIIII!

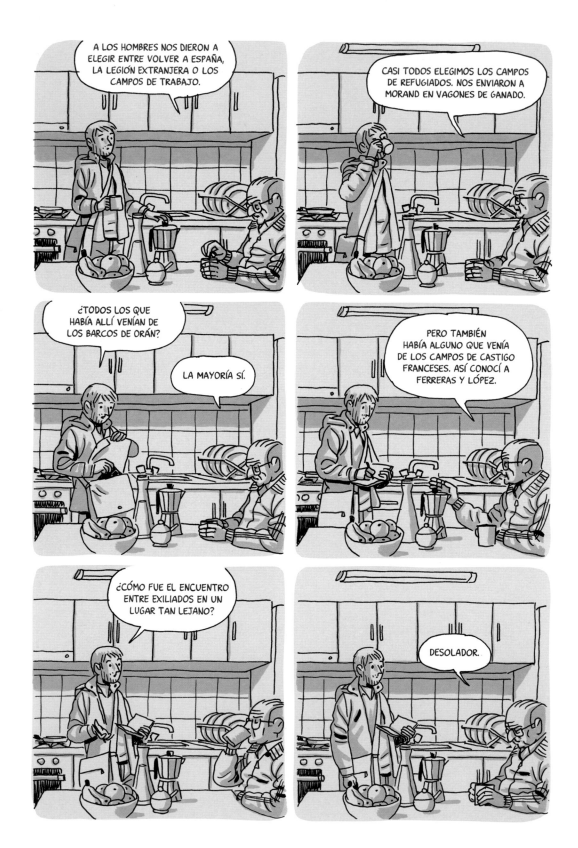

...YO NO SÉ LO QUE HABÉIS SUFRIDO VOSOTROS AL SALIR DE ESPAÑA, PERO OS JURO QUE AQUELLA HUIDA A FRANCIA ES LO MÁS TRISTE QUE HEMOS VIVIDO...

...NOS HUMILLARON EN LA FRONTERA, NOS TRATARON COMO A BASURA... NOS LO QUITARON TODO.

¡INJUSTO! ¡ERA INJUSTO!

CUÉNTALES A GRANELL Y A MORENO LO DE MACHADO.

SÍ, CUÉNTALO, FERRERAS.

YO LO VI CRUZAR LA FRONTERA. LE RECONOCÍ A PESAR DE SU MAL ASPECTO. IBA CON SU MADRE Y CON SU HERMANO JOSÉ.

CASI NO PODÍA ANDAR. ARRASTRABA LOS PIES.

SE SENTÓ UN MOMENTO A DESCANSAR JUNTO A LA CARRETERA. HACÍA MUCHO FRÍO. ÉL TEMBLABA Y TENÍA LA MIRADA PERDIDA.

¡ES EL POETA!

ÁNIMO, MAESTRO.

¡VAMOS, VAMOS!

UNOS DÍAS DESPUÉS NOS LLAMARON A VARIOS ESPAÑOLES PARA LLEVAR EL FÉRETRO DE MACHADO AL CEMENTERIO.

LE ENTERRARON ENVUELTO EN UNA SÁBANA BLANCA, CON LA BANDERA REPUBLICANA SOBRE EL ATAÚD Y UN PUÑADO DE TIERRA ESPAÑOLA.

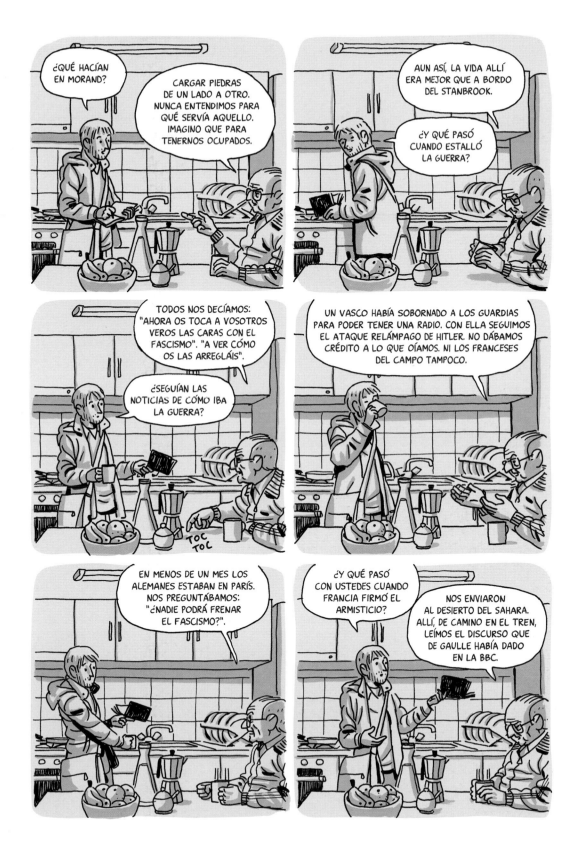

"...SON LOS TANQUES, LOS AVIONES, LA TÁCTICA DE LOS ALEMANES LOS QUE HAN SORPRENDIDO A NUESTROS MANDOS..." "PERO ¿SE HA DICHO LA ÚLTIMA PALABRA? ¿LA ESPERANZA DEBE DESAPARECER? ¿LA DERROTA ES DEFINITIVA? ¡NO!"

"...CRÉANME A MÍ, QUE LES HABLO CON CONOCIMIENTO DE CAUSA Y LES DIGO QUE NADA ESTÁ PERDIDO..." "LOS MISMOS MEDIOS QUE NOS HAN VENCIDO PUEDEN DARNOS UN DÍA LA VICTORIA".

"¡PUES FRANCIA NO ESTÁ SOLA! ¡NO ESTÁ SOLA! TIENE UN VASTO IMPERIO DE SU LADO. PUEDE FORMAR BLOQUE CON EL IMPERIO BRITÁNICO, QUE DOMINA EL MAR Y CONTINÚA LA LUCHA. PUEDE, COMO INGLATERRA, UTILIZAR SIN LÍMITES LA INMENSA INDUSTRIA DE LOS ESTADOS UNIDOS". "...ESTA GUERRA NO SE DECIDIÓ EN LA BATALLA DE FRANCIA. ESTA GUERRA ES UNA GUERRA MUNDIAL".

"TODOS LOS ERRORES, TODOS LOS SUFRIMIENTOS NO IMPIDEN QUE HAYA, EN EL UNIVERSO, TODOS LOS MEDIOS NECESARIOS PARA APLASTAR UN DÍA A NUESTROS ENEMIGOS".

"APLASTADOS HOY POR LA FUERZA MECÁNICA, PODEMOS VENCER EN EL FUTURO CON UNA FUERZA MECÁNICA SUPERIOR".

"YO, EL GENERAL DE GAULLE, ACTUALMENTE EN LONDRES, INVITO A LOS OFICIALES Y A LOS SOLDADOS FRANCESES A QUE SE ENCUENTREN EN TERRITORIO BRITÁNICO, O QUE AHÍ VINIERAN A ENCONTRARSE, CON SUS ARMAS O SIN ELLAS".

¡DE GAULLE!

"INVITO A LOS INGENIEROS Y OBREROS ESPECIALISTAS DE LA INDUSTRIA DE ARMAMENTO QUE SE ENCUENTREN EN TERRITORIO BRITÁNICO A PONERSE EN CONTACTO CONMIGO..."

AHÍ TENÉIS A UNO QUE TAMPOCO SE RINDE ANTE EL FASCISMO.

TLAK
KREC

KREC
TLAK'

PERO...
¿QUÉ HACES, GRANELL?

ME-EE LARGO DE AQUÍ.

VAMOS, MIGUEL.

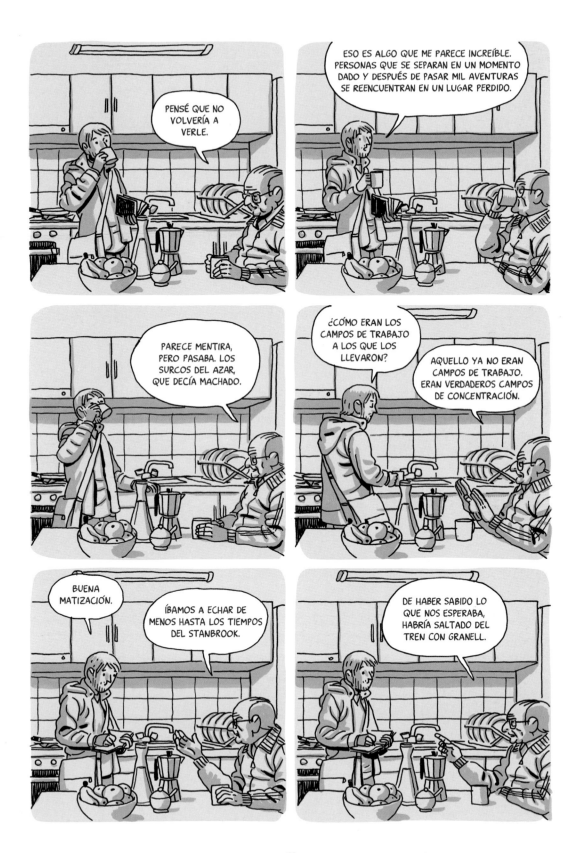

¡ESPAÑOLES...!

COMO YA SABRÉIS LAS COLONIAS FRANCESAS DE ÁFRICA SE HAN UNIDO AL GOBIERNO DEL MARISCAL PÉTAIN...

DESDE ESTE MOMENTO SE OS ACABARON LOS PRIVILEGIOS DE REFUGIADOS DE GUERRA.

A MÍ NO ME ENGAÑÁIS. SOIS ESCORIA ROJA Y FRANCIA NO DARÁ DE COMER GRATIS A ANTIFASCISTAS.

AQUÍ TENÉIS LA OPORTUNIDAD DE HACER ALGO ÚTIL. TRABAJARÉIS EN LA CONSTRUCCIÓN DE LA VÍA FÉRREA TRANSAHARIANA. SI TRABAJÁIS BIEN, TENDRÉIS COMIDA...

SI NO LO HACÉIS, SERÉIS CASTIGADOS...

PLAS
PLAS

...ROJOS, DE AQUÍ SÓLO SALDRÉIS MUERTOS.

...PONME ALGO DE CAMELLO.

SÍ, HOMBRE... PERO SI TODO ES CALDO AGUADO.

...ESTOY HARTO DE QUE TODO TENGA ARENA. ME CRUJEN LOS DIENTES TODO EL DÍA. ¿A VOSOTROS NO?

PREFIERO LA ARENA A ESTAS MALDITAS MOSCAS PEGAJOSAS.

BZZZZ

ESTO NO SABE A NADA, ¡PUAG!

ÉCHALE UN ESCORPIÓN. HAY QUIEN SE LOS COME.

SI ESTUVIERAN BUENOS, ¿TE CREES QUE HABRÍA TANTOS AQUÍ?

¡PUTAS MOSCAS!

HE ESCUCHADO A DOS SOLDADOS FRANCESES...

...DICEN QUE LOS ALEMANES HAN INVADIDO RUSIA POR SORPRESA Y AVANZAN IMPARABLES HACIA MOSCÚ.

ELLOS SE LO HAN BUSCADO POR ALIARSE CON HITLER...

¿QUÉ DICES? RUSIA NO ES ALIADO DE HITLER. ERA UN PACTO PARA HACERSE FUERTE Y...

LOS "CHINOS" OS TRAÉIS UN FOLLÓN MENTAL.

¿NO VA A HABER LUGAR EN EL MUNDO EN EL QUE ESTAR A SALVO DEL FASCISMO?

CRAK

SE ME HA ROTO EL PICO.

CRAK

SE ME HA ROTO EL PICO.

¡VENGA, ARRIBA! ¡ARRIBA!

...CUALQUIER INTENTO DE DAÑAR O RETRASAR LA VÍA FÉRREA ES UN ATENTADO CONTRA EL GOBIERNO FRANCÉS.

TUM TUM TUM

ESTAMOS EN GUERRA Y TODO SABOTAJE SERÁ DURAMENTE CASTIGADO.

TUM TUM

TUM

TUM TUM TUM

TUM TUM TUM

FFFFFFIIIIIIIU

¿FERRERAS?

FFFFFFFIIIIIIU...

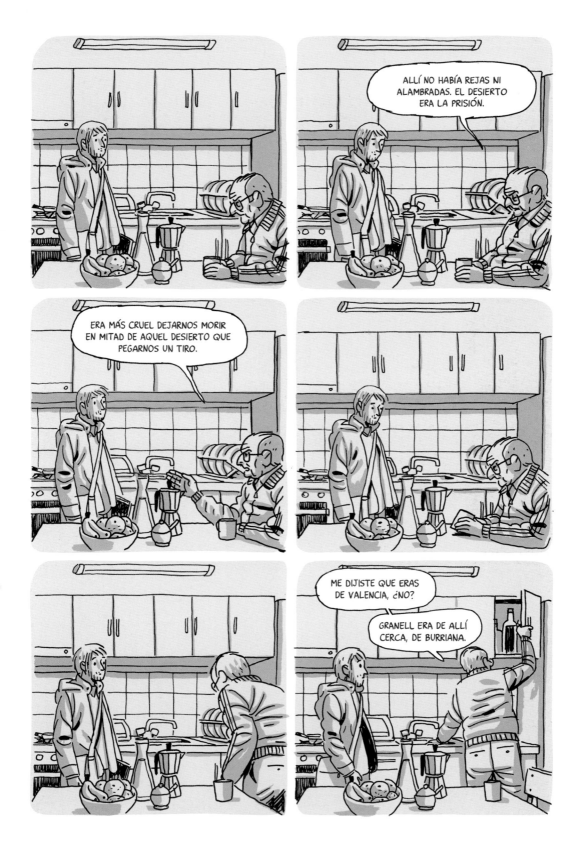

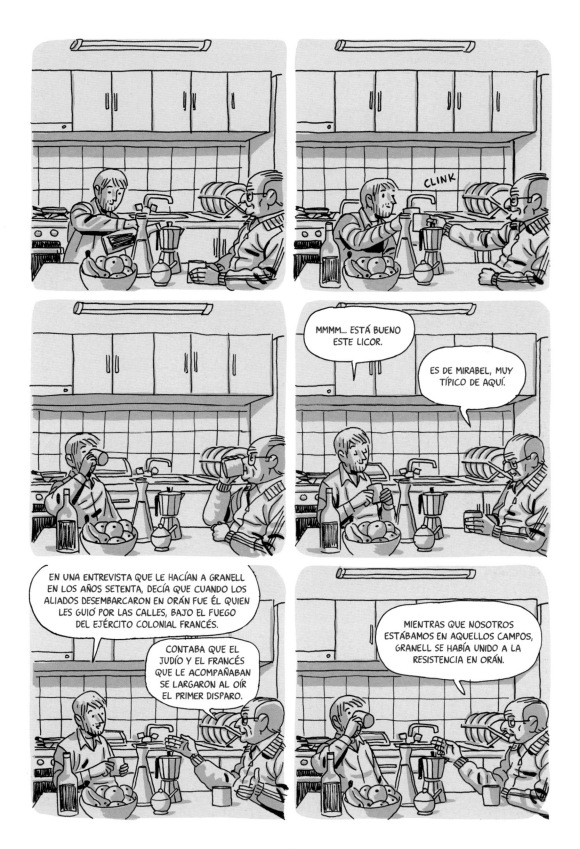

¿AMERICANOS?

CARAJO, CHICO...
UN ESPAÑOLITO.

SOMOS
PUERTORRIQUEÑOS.

CONOZCO CALLES
ANCHAS PARA LOS
BLINDADOS.

CAPÍTULO IV
VIERNES / **A LAS ARMAS DE NUEVO**

* CFA: CUERPO FRANCO DE ÁFRICA.

...ME PARECE INCREÍBLE EL ÉXODO DE LOS ESPAÑOLES TRAS LA GUERRA CIVIL. TE LOS ACABAS ENCONTRANDO EN TODOS LOS RINCONES DE LA CONTIENDA MUNDIAL.

CONTINUAMENTE DEBÍAMOS TOMAR DECISIONES SOBRE NUESTRO FUTURO QUE NO SABÍAMOS DÓNDE NOS LLEVARÍAN.

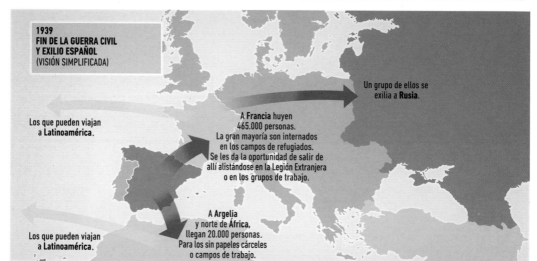

1939
FIN DE LA GUERRA CIVIL Y EXILIO ESPAÑOL
(VISIÓN SIMPLIFICADA)

Un grupo de ellos se exilia a **Rusia**.

Los que pueden viajan a **Latinoamérica**.

A **Francia** huyen 465.000 personas. La gran mayoría son internados en los campos de refugiados. Se les da la oportunidad de salir de allí alistándose en la Legión Extranjera o en los grupos de trabajo.

Los que pueden viajan a **Latinoamérica**.

A **Argelia** y norte de **África**, llegan 20.000 personas. Para los sin papeles cárceles o campos de trabajo.

1940
ATAQUE RELÁMPAGO ALEMÁN

Tras el ataque alemán, miembros de los grupos de trabajo quedan acorralados en **Dunkerque**.

300.000 regresan a **España**, la mayoría mujeres y niños. El Gobierno franquista ejecuta a cerca de 20.000 personas tras la guerra. Otros miles morirán en los siguientes años en las cárceles en condiciones infrahumanas.

Los españoles de la **Legión Extranjera** son enviados a la campaña de **Noruega** o a las colonias francesas de **África**. Otros quedan en la bolsa de **Dunkerque**.

Legión Extranjera

Desierto Sahara

Los campos de refugiados se disuelven. Los más afortunados consiguen empezar de cero como civiles en tierra extraña. El resto es enviado a la **Legión Extranjera** o a la **construcción del Transahariano**.

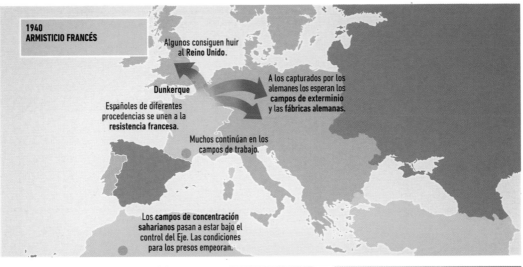

**1940
ARMISTICIO FRANCÉS**

Algunos consiguen huir
al **Reino Unido**.

A los capturados por los
alemanes los esperan los
campos de exterminio
y las fábricas alemanas.

Dunkerque

Españoles de diferentes
procedencias se unen a la
resistencia francesa.

Muchos continúan en los
campos de trabajo.

Los **campos de concentración**
saharianos pasan a estar bajo el
control del Eje. Las condiciones
para los presos empeoran.

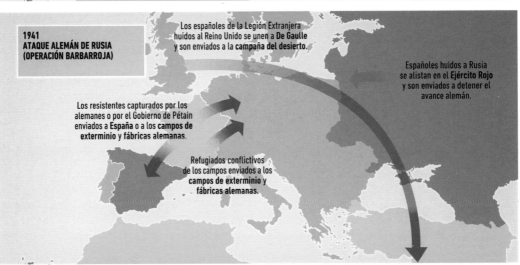

**1941
ATAQUE ALEMÁN DE RUSIA
(OPERACIÓN BARBARROJA)**

Los españoles de la Legión Extranjera
huidos al Reino Unido se unen a **De Gaulle**
y son enviados a la **campaña del desierto**.

Españoles huidos a Rusia
se alistan en el **Ejército Rojo**
y son enviados a detener el
avance alemán.

Los resistentes capturados por los
alemanes o por el Gobierno de Pétain
enviados a **España** o a los **campos de**
exterminio y fábricas alemanas.

Refugiados conflictivos
de los campos enviados a los
campos de exterminio y
fábricas alemanas.

**1942
DESEMBARCO ALIADO EN ÁFRICA
(OPERACIÓN TORCH)**

Soldados capturados por los
alemanes enviados a los
campos de exterminio.

Muchos continúan en los
campos de trabajo.

Desembarco
aliado

La **Legión Extranjera**
es enviada a enfrentarse
al desembarco aliado.

Tras la rendición de las colonias francesas,
desertores de la Legión Extranjera y algunos de
los presos liberados de los campos se unen al
Cuerpo Franco de África (CFA).

La **Legión Extranjera**
(de la Francia Libre de De Gaulle)
se une al Ejército británico en el
combate contra Rommel.

...AUN SABIENDO ADÓNDE CONDUCE CADA CAMINO QUE TOMARON LOS EXILIADOS, ME COSTARÍA DECIDIR CUÁL TOMARÍA YO.

FRANCIA   NORTE DE ÁFRICA

CAMPOS   LEGIÓN   CONSTRUCCIÓN TRANSAHARIANO

LEGIÓN   GRUPOS DE TRABAJO

ÁFRICA

NORUEGA   FÁBRICAS ALEMANAS   CFA

IMAGÍNATE A NOSOTROS, QUE NO SABÍAMOS BIEN NI LO QUE ESTABA PASANDO MÁS ALLÁ DE AQUEL DESIERTO.

¿Y QUÉ ERA EXACTAMENTE EL CFA?

CUANDO LOS ALIADOS DESEMBARCARON EN MARRUECOS Y ARGELIA, LOS GOBIERNOS COLONIALES DEJARON DE SER FIELES A VICHY Y SE UNIERON RÁPIDAMENTE A ELLOS.

EL CFA ESTABA CREADO PARA LA GENTE COMO LOS ESPAÑOLES QUE NO QUERÍAMOS UNIRNOS A LA LEGIÓN PORQUE NOS SEGUÍA OLIENDO A TUFILLO DE PÉTAIN Y DE FASCISMO.

EN EL CFA HABÍA MUCHOS PIEDS-NOIRS E INDÍGENAS. LAS MALAS LENGUAS DECÍAN QUE LOS INDÍGENAS SE ALISTABAN POR LA COMIDA. LA VERDAD ES QUE YO CONOCÍ A MUCHOS QUE LUCHABAN POR LIBERAR A SU MADRE PATRIA DEL NAZISMO.

¿ERAN MUCHOS ESPAÑOLES ALLÍ?

UNOS TRESCIENTOS, COMO UN BATALLÓN ENTERO. MÁS O MENOS UN TERCIO DEL CFA.

TAMBIÉN HABÍA ITALIANOS, RUSOS, POLACOS, ALEMANES...

NATIVOS

CFA
CUERPO FRANCO DE ÁFRICA

EXTRANJEROS

300 ESPAÑOLES

ITALIANOS RUSOS POLACOS ALEMANÉ

Y ALLÍ ME ENCONTRÉ DE NUEVO A GRANELL.

...LOS ESPAÑOLES SE SENTIRÍAN MUCHO MEJOR EN EL CFA SI ESO FUERA POSIBLE.

ES UN ASUNTO PELIAGUDO. MUY PELIAGUDO, CAPITÁN BUIZA.

DEBO CONSULTARLO AL GENERAL, PERO ESTOY SEGURO DE QUE NO ACEPTARÁ QUE LUCHEN BAJO BANDERA REPUBLICANA.

DEBEN HACERLO BAJO BANDERA FRANCESA, CAPITÁN.

A ESOS HOMBRES DE AHÍ FUERA LES IMPORTA BIEN POCO UN PAÍS QUE NO LOS HA TRATADO PRECISAMENTE BIEN, SEÑOR.

SI SE ALISTAN EN EL CFA ES POR OTROS MOTIVOS.

¿QUIÉNES SE CREEN QUE SON USTEDES? EL EJÉRCITO FRANCÉS NO NECESITA EN SUS FILAS A LOS PERDEDORES DE UNA GUERRA.

ESOS PERDEDORES CONSIGUIERON HACER FRENTE DURANTE TRES AÑOS AL EJÉRCITO QUE, EN SÓLO CUARENTA DÍAS, DERROTÓ AL GLORIOSO EJÉRCITO FRANCÉS.

AMBOS LUCHAMOS POR LIBERAR A NUESTROS PAÍSES DEL FASCISMO. HÁBLELE AL GENERAL.

EN SIDI FUIMOS COINCIDIENDO MUCHOS DE LOS QUE LUEGO FORMARÍAMOS **LA NUEVE.**

GRANELL, MORENO, EL GITANO Y PUJOL VENÍAN, COMO YO, DE LOS CAMPOS ARGELINOS.

EL RESTO HABÍA PASADO SU PROPIA AVENTURA PARA LLEGAR ALLÍ. CONSTANTINO PUJOL ERA UN DESERTOR DE LA LEGIÓN EXTRANJERA DE PÉTAIN.

JOHANN REITER, AL QUE LLAMÁBAMOS JUANITO, ERA UN ALEMÁN ANTIFASCISTA QUE HABÍA LUCHADO EN LA GUERRA CIVIL Y TAMBIÉN HABÍA DESERTADO DE LA LEGIÓN.

ALLÍ HABÍA LLEGADO TAMBIÉN ANTONIO VAN BAUMBERGHEN, AL QUE LLAMÁBAMOS BAMBA. UN INTELECTUAL DESCENDIENTE DE HOLANDESES.

MONTOYA HABÍA LLEGADO A ÁFRICA EN PATERA. PASÓ POR LOS CAMPOS DE TRABAJO PARA LUEGO ALISTARSE EN LA LEGIÓN.

GRANADOS, RUIZ Y MUCHOS OTROS QUE HUBIERAN SIDO UNOS VALIENTES COMBATIENTES DE LA NUEVE, PERO QUE NO SOBREVIVIERON A LA CAMPAÑA DE TÚNEZ.

Y POR SUPUESTO, EL CAPITÁN BUIZA, EL ÚNICO OFICIAL ESPAÑOL QUE PASÓ CON CARGO AL CFA. LOS CAMINOS DE BUIZA LE LLEVARON POR DERROTEROS DIFERENTES A LA NUEVE.

ESTO NO ES LA GUERRA DE ESPAÑA.

EN POCAS SEMANAS ESTAREMOS EN EL FRENTE Y TENEMOS QUE CONSEGUIR QUE DEJÉIS DE SER UN ATAJO DE INÚTILES.

SEÑOR, LA MAYORÍA DE LOS QUE ESTAMOS AQUÍ SABEMOS CÓMO FUNCIONA UNA BRÚJULA. HEMOS LUCHADO EN UNA GUERRA.

MONTOYA HA SIDO OFICIAL EN LOS CA- RABINEROS.

AMADO GRANELL FUE COMANDANTE DE LA 49 BRIGADA MIXTA.

¿QUÉ EXPERIENCIA TIENE USTED, SEÑOR?

PUEDE QUE YO NO TENGA UNA EXPERIENCIA EN COMBATE COMO LA VUESTRA, PERO SÉ LO QUE ES LA DISCIPLINA.

ALGO QUE A USTEDES LES FALTA.

Y QUE LES HIZO PERDER LA GUERRA.

PAW
    PAW

PAW

    PAW

        PAW

OTRA VEZ SE HA ENCASQUILLADO. ¡MIERDA DE FUSIL!

¿QUÉ ESPERAS? SON DE LA GUERRA DEL 14.

¡YA BASTA!

YA HABÉIS APRENDIDO A CAVAR TRINCHERAS...

AHORA CUBRIDLAS.

ESPERO QUE TAMBIÉN HAYÁIS APRENDIDO DISCIPLINA.

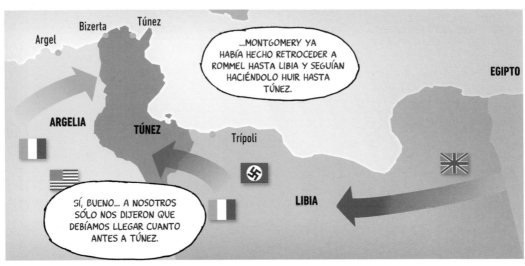

...MONTGOMERY YA HABÍA HECHO RETROCEDER A ROMMEL HASTA LIBIA Y SEGUÍAN HACIÉNDOLO HUIR HASTA TÚNEZ.

SÍ, BUENO... A NOSOTROS SÓLO NOS DIJERON QUE DEBÍAMOS LLEGAR CUANTO ANTES A TÚNEZ.

PERO LAS TROPAS DEL EJE LES GANARON LA CARRERA Y SE ATRINCHERARON EN TÚNEZ, ¿NO ES ASÍ?

TÚ PARECES SABER MÁS DE TODO ESTO. NO SÉ. EN LA BATALLA SÓLO SABES LO QUE TE RODEA, NUNCA TIENES UNA VISIÓN GENERAL DE CÓMO VA LA GUERRA.

SALIMOS HACIA TÚNEZ EN PRIMAVERA, CUANDO LAS LLUVIAS HABÍAN ACABADO Y LOS BARRIZALES YA NO IMPEDÍAN AVANZAR A LOS VEHÍCULOS.

NOS ENVIARON A TOMAR EL PUERTO DE BIZERTA. FORMÁBAMOS PARTE DEL II CUERPO DE EJÉRCITO AMERICANO.

DICEN QUE LA CAMPAÑA DE ÁFRICA FUE LA ÚLTIMA BATALLA ENTRE CABALLEROS. QUE SE RESPETABA AL ENEMIGO.

HOMBRE, ESO ERA PORQUE LA MAYOR PARTE DE LOS COMBATES SUCEDÍAN EN LUGARES SIN POBLACIÓN CIVIL.

LAS GUERRAS NO TIENEN NADA DE CABALLEROSIDAD. ESO YA LO SABÍAMOS DE LA GUERRA DE ESPAÑA.

EN LA VIDA CIVIL, SI UN AMIGO MUERE DE UNA FORMA INESPERADA, ES UN DRAMA. EN COMBATE, QUE A UN AMIGO LE AMETRALLEN LA CARA A TU LADO ENTRA DENTRO DE LO NORMAL.

INCLUSO LLEGAS A PENSAR "MEJOR ÉL QUE YO".

¿HA MATADO USTED A MUCHA GENTE?

NO SÉ... YO... YO SÓLO HE MATADO A FASCISTAS Y SIEMPRE EN COMBATE.

...HAY QUE CARGARSE ESA "PERDIZ" SI QUEREMOS TOMAR LA COLINA. ES IMPOSIBLE LLEGAR MIENTRAS NOS ESTÉN DISPARANDO.

YO ME ENCARGO. ¡MASSIMILIANO, MORENO!

TPTPTATA

¡MIERDA! ¡AHORA SE ENCASQUILLA!

CLAK CLAK

TATA TATA TA

¿...Y DE RUIZ SABÉIS ALGO?

LO VI CAER JUNTO A ORTEGA.

GRANADOS CAYÓ A MI LADO. UN "PEPINAZO".

DICEN QUE UN POLACO SE HA QUEDADO CIEGO DEL MIEDO EN EL COMBATE.

¿EN SERIO?

¿QUÉ HORA ES?

YA SON LAS NUEVE MENOS DIEZ.

BZZZ

...HABÍA UNA FAROLA, Y AÚN SE ENCUENTRA ALLÍ.

ALLÍ VOLVEREMOS A ENCONTRAR-NOS...

...BAJO LA FAROLA ESTAREMOS COMO ANTES, LILI MARLEN... 🎵

¡MIGUEL!

QUE SI TIENES UN CIGARRO.

TOMA. ES EL ÚLTIMO.

ESTABA MIRANDO LAS ESTRELLAS.

¿VIÉNDOLAS, SABRÍAS DECIR DÓNDE QUEDA ESPAÑA?

PUES...

...LA VERDAD ES QUE SIEMPRE SE ME HA DADO MUY MAL ESO.

¿POR DÓNDE SE HA PUESTO EL SOL?

SI AQUELLO ES VENUS, ÉSE ES EL NORTE. CON LO CUAL EVIDENTEMENTE ESPAÑA QUEDA A NUESTRA DERECHA.

CARAY, BAMBA. LO SABES TODO.

🎵

¿QUÉ ES ESA MÚSICA QUE SUENA EN LA RADIO?

...Y ENTONCES, ¡BOUM! LAS TROPAS DEL EJE CONTRAATACARON.

TATATATA

PAW

PAW

TUM

LO MÁS SINIESTRO DEL FUEGO DE ARTILLERÍA ES OÍR CÓMO DISPARAN LOS PROYECTILES Y NO SABER DÓNDE VAN A CAER.

TUM

TUM

SSSSSSSSSH

SI OYES EL SISEO DEL PROYEC- TIL ES QUE NO VA A CAERTE SOBRE LA CABEZA.

BOUM

CUANDO TE CAE ENCIMA NO LLEGAS A OÍRLO. SILENCIO Y YA ESTÁ.

MURIERON MUCHOS HOMBRES EN LA CAMPAÑA DE TÚNEZ. ¡MUCHOS!

A TODOS LOS CONOCÍA AL MENOS DE VISTA.

¿QUÉ SE NOS HABÍA PERDIDO EN AQUEL DESIERTO TAN LEJOS DE ESPAÑA?

¿QUIERE QUE LO DEJEMOS AQUÍ?

¿QUÉ VAS A HACER CON TODO ESTO?

BUENO... AÚN NO SÉ CÓMO ENFOCARLO.

HAY UNA PELÍCULA QUE ME GUSTA MUCHO, "LOS VIOLENTOS DE KELLY". PENSABA HACER ALGO ASÍ, PERO CON LOS REPUBLICANOS ESPAÑOLES. ¿CONOCE LA PELÍCULA?

NO SOPORTO LAS PELÍCULAS AMERICANAS DE GUERRA. PARECE QUE ELLOS SOLOS LA GANARAN. ¡ESO ES MENTIRA!

FFFFFFFFFFFFFFFS

CAPÍTULO V
VIERNES TARDE / **EL EJÉRCITO DE LA FRANCIA LIBRE**

PENSABA TRAERTE UN RAMO DE FLORES, GRANELL, PERO NO QUERÍA QUE EL RESTO DE LOS PACIENTES DEL HOSPITAL PENSASE QUE ERAS SARASA.

¿UN ANARQUISTA LLEVANDO FLORES A UN REPUBLICANO MODERADO? ¿DÓNDE SE HA VISTO?

YA ME TIENEN BASTANTE TIRRIA AQUÍ. SOY EL ÚNICO ROJO DE LA PLANTA.

VAYA, QUÉ BUEN AMBIENTE.

TODOS SON SOLDADOS VICHISTAS HERIDOS POR LOS ALIADOS.

¿ES CIERTO QUE EL CUERPO FRANCO SE DISUELVE?

ASÍ ES. NOS VAMOS TODOS CON PUTZ.

DE GAULLE ESTÁ FORMANDO UN EJÉRCITO AQUÍ, EN ÁFRICA, Y NOS UNIMOS A ÉL. ¿TE ACUERDAS DE ÉL?

CÓMO VOY A OLVIDAR AQUEL LLAMAMIENTO.

LA DIVISÓN ESTÁ AL MANDO DE UN GENERAL LLAMADO LECLERC.

POR LO QUE NOS CONTÓ PUTZ, ESTE LECLERC OYÓ TAMBIÉN EL LLAMAMIENTO DE DE GAULLE Y FUE EL PRIMERO EN ACUDIR A LONDRES.

COMENZÓ CON UN PUÑADO DE HOMBRES EN CAMERÚN Y RECORRIÓ MILES DE KILÓMETROS COMBATIENDO A LOS ITALIANOS Y ALEMANES, Y UNIENDO COLONIAS A LA CAUSA DE LA FRANCIA LIBRE HASTA LLEGAR AQUÍ.

¿QUÉ TE PARECE? ¿TE UNIRÁS A SU EJÉRCITO?

NO SÉ, MIGUEL...

TÚ ERES MÁS JÓVEN...

ESPERA.

AÚN NO TE HE CONTADO LO MEJOR.

...TRÁEME UN PAR DE CAMISETAS, TRES PARES DE CALCETINES Y TRES CALZONCILLOS.

¿DE ACUERDO, SADIKI?

SÍ, MONSIEUR.

¿TE VAS A GASTAR TODA LA PAGA EN ROPA INTERIOR?

EL DESIERTO ES UN BUEN SITIO PARA AHORRAR.

¿YA TE HAN DADO EL ALTA EN EL HOSPITAL?

AÚN TENGO PARA UNOS CUANTOS MESES. PERO HOY HE SALIDO PARA ALISTARME EN EL EJÉRCITO DE DE GAULLE.

¡ESTABA SEGURO DE QUE LO HARÍAS!

¿VAMOS ANTES A TOMAR UNAS CERVEZAS DE VERDAD?

¿NUNCA TE QUITAS ESE AMULETO?

...ÉL SE NEGÓ TAMBIÉN A ACEPTAR EL ARMISTICIO DE PÉTAIN...

SALIÓ DE FRANCIA ESCONDIDO, CRUZÓ ESPAÑA, LLEGÓ A PORTUGAL Y DE ALLÍ A LONDRES, A UNIRSE CON DE GAULLE.

CARAY CON ESE LECLERC.

A VER, ROYO, ¿EN LA LEGIÓN EXTRANJERA QUÉ TE DICEN CUANDO SABEN QUE HAS LUCHADO EN LA GUERRA DE ESPAÑA?

CUANDO SE ENTERAN NOS TRATAN COMO APESTADOS. NOS LLAMAN REVOLU-CIONARIOS.

¿SABÉIS QUÉ DICE LECLERC?

DICE "BRAVO", ¡"BRAVO"!

¿NO VALE LA PENA UNIRSE A UN GENERAL ASÍ?

PERO YA ESTAMOS ALISTADOS EN LA LEGIÓN EXTRANJERA. IRNOS SERÍA DESERTAR, ¿NO?

MIRA, NAVARRO, TE CAMBIAS DE NOMBRE Y SOLUCIONADO. ADEMÁS, SABEMOS DE BUENA TINTA QUE LA LEGIÓN SE QUEDA EN ÁFRICA.

PERO... EL EJÉRCITO DE LECLERC SERÁ ENVIADO A EUROPA.

A LIBERAR FRANCIA.

YA SABÉIS LO QUE ESO SIGNIFICA.

BUENO...

LOS QUE QUERÁIS UNIROS A LECLERC ACUDID EL DOMINGO A LA PLAYA.

¿NO VENÍS A LA SALA DE FIESTAS DEL ZOCO? VAMOS A CELEBRAR QUE HE ENCONTRADO A MI HERMANO CONSTANTINO.

LO PERDÍ EN UN CAMPO DE FRANCIA Y ME LO HE ENCONTRADO AQUÍ, EN TÚNEZ. ¿NO ES INCREÍBLE?

QUE OS DIVIRTÁIS. Y CUIDADO CON LA CARTERA.

CORRED LA VOZ Y HABLAD DE LECLERC.

¿ADÓNDE VAMOS?

VAS A VER EN QUÉ ME HE GASTADO YO LA PAGA.

SALAM ALEIKUM.

AH, MONSIEUR.
AQUÍ TENGO SU ENCARGO.

UN PAQUETE
POR AQUÍ...

ÉCHAME UNA
MANO, ANDA.

¿TODO ESTO ES
ROPA INTERIOR?

¿NO QUIERE
NADA MÁS?
¿UNAS
BABUCHAS?

RAS
RAS

LUCHAREMOS AL
FIN BAJO NUESTRA
BANDERA.

...AUNQUE AL FINAL SÓLO PUDIMOS LLEVARLAS EN LOS HALF-TRACKS, ESAS BANDERAS ACOMPAÑARON A LAS CRUCES DE LOS CAÍDOS EN EUROPA.

¿TE AYUDO, ALBERT?

NO, NO... SEGUID, QUE OS ESTOY ESCUCHANDO.

¿CUÁNTOS ESPAÑOLES HABÍA EN EL EJÉRCITO DE LECLERC?

DIFÍCIL SABERLO. ADEMÁS DE LOS REPUBLICANOS, HABÍA MUCHOS PIEDS-NOIRS.

NO SÉ. UNOS QUINIENTOS...

YO SOLO CONVENCÍ A MUCHOS PARA QUE SE UNIERAN A NOSOTROS.

TODOS QUERÍAN ESTAR CON "EL PATRÓN".

¿"EL PATRÓN"?

ASÍ LLAMÁBAMOS LOS ESPAÑOLES A LECLERC.

HUBO TANTAS DESERCIONES PARA UNIRSE A "EL PATRÓN" QUE EL GENERAL GIRAUD, ANTIGUO VICHISTA, NOS EXPULSÓ DE ARGELIA.

NOS ENVIARON EN TREN A UN CAMPAMENTO EN LIBIA.

COMANDANTE PUTZ, LE PRESENTO AL CAPITÁN RAYMOND DRONNE, QUE LLEVA CONMIGO DESDE CAMERÚN.

YA NOS HEMOS PRESENTADO.

ES UN HONOR.

COMO YA SABE, ESTOY REUNIENDO UNA DIVISIÓN Y LE NECESITO A MI LADO, DRONNE.

TENEMOS YA 10.000 HOMBRES Y EL GENERAL DE GAULLE NOS HA DADO YA LA ORDEN DE MARCHAR A MARRUECOS...

PARA COMENZAR LA INSTRUCCIÓN CON EL MODERNO MATERIAL AMERICANO.

ES UNA BUENA NOTICIA, MI GENERAL...

TAN SÓLO ME HAN IMPUESTO UNA CONDICIÓN...

QUE ME DESHAGA DE LOS CHADIANOS.

PERO... ESOS HOMBRES HAN LUCHADO VALIENTEMENTE A NUESTRO LADO DESDE EL COMIENZO DE LA CAMPAÑA AFRICANA.

LO SÉ.

SI NO ACEPTO, NO ME DARÁN LA DIVISIÓN.

DICEN QUE NO SOPORTARÍAN EL CLIMA FRÍO DEL NORTE DE EUROPA.

TONTERÍAS, SEÑOR.

SON ÓRDENES QUE VIENEN DE ARRIBA. NO QUIEREN NEGROS LIBERANDO EUROPA.

¿QUÉ PIENSA HACER, GENERAL?

...ESOS HOMBRES HAN SIDO LOS PRIMEROS SOLDADOS DE LA FRANCIA LIBRE.

LA DECISIÓN YA ESTÁ TOMADA, DRONNE.

AHÍ TIENES OTRO.

EN TU PIE IZQUIERDO, GITANO.

...¡NO, NO!

...ESTARÉIS AQUÍ HASTA QUE LO HAGÁIS COMO YO DIGO.

FÁBREGAS, VAMOS, HAZ CASO DE UNA PUÑETERA VEZ.

HACE UN CALOR INSOPORTABLE AL SOL.

RECIBIR ÓRDENES ESTÚPIDAS SE OS DA MUY BIEN A LOS SOCIALISTAS.

TAP

PERO A QUÉ COJONES VIENE ESO AHORA.

TAP

TUM

...SON INDISCIPLINADOS, SEÑOR.

PERO SON BUENOS SOLDADOS. HOMBRES VALIENTES Y CON MUCHA EXPERIENCIA EN EL COMBATE. NECESITAMOS SOLDADOS ASÍ EN NUESTRA DIVISIÓN.

ESOS ESPAÑOLES NO ACEPTAN ÓRDENES.

NO LAS ACEPTAN DE QUIEN NO RESPETAN.

PUTZ, QUE LOS HA TENIDO A SUS ÓRDENES, ASEGURA QUE UNA VEZ TE DAN SU CONFIANZA TE SIGUEN HASTA LA MUERTE.

Y A USTED LE RESPETAN.

¿A MÍ POR QUÉ, SEÑOR?

NUNCA ACEPTARÁN ÓRDENES DE UN VICHISTA CAMBIADO DE CHAQUETA. PERO ELLOS SABEN QUE USTED HA LUCHADO DESDE EL PRINCIPIO POR LA FRANCIA LIBRE.

ADEMÁS, USTED HABLA ESPAÑOL.

ESO SERÍA MUCHO DECIR. MI MUJER ES PROFESORA DE ESPAÑOL Y YO HE ESTADO UNOS MESES EN ESPAÑA, PERO...

¿SE ATREVERÍA CON LA NUEVE?

DE LOS CIENTO SESENTA HOMBRES DE LA COMPAÑÍA, ¿CUÁNTOS SON ESPAÑOLES?

CIENTO CUARENTA Y SEIS.

...DENTRO DE CUATRO DÍAS IREMOS A CASABLANCA, DONDE SEREMOS INSTRUIDOS EN EL ARMAMENTO AMERICANO...

TENEMOS HASTA ENTONCES PARA DAR FORMA A LA COMPAÑÍA.

ANTONIO VAN BAUMBERGHEN, QUE ESTABA HASTA AHORA AL MANDO DE LA NUEVE, SERÁ EL TENIENTE DE LA COMPAÑÍA...

SEÑOR, YO NO QUIERO ENTRAR EN COMBATE AL MANDO DE UN INTELECTUAL. NO ENTIENDO NI UNA PALABRA DE LO QUE DICE.

¿POR QUÉ NO VOTAMOS QUIÉN ES EL TENIENTE?

ESCUCHAD. DENTRO DE POCO LA DIVISIÓN DESEMBARCARÁ EN EUROPA, PERO LOS AMERICANOS SÓLO NOS DEJARÁN FORMAR PARTE DE LA LIBERACIÓN SI LA COMPAÑÍA FUNCIONA COMO UN SOLO HOMBRE.

SI NO ES ASÍ, AQUÍ HABRÁ ACABADO NUESTRA LUCHA POR LA LIBERTAD...

...Y POR REINSTAURAR LA REPÚBLICA.

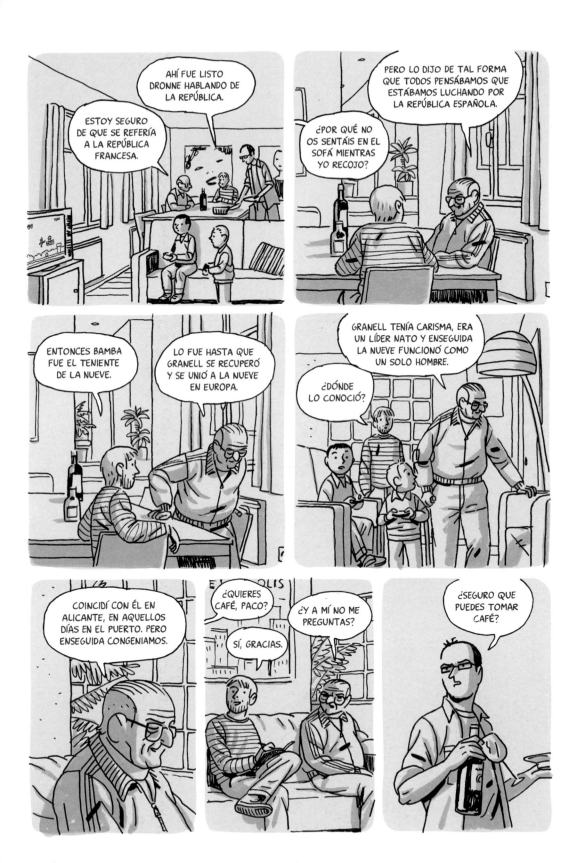

...Y RECORDAD QUE VUESTRO COMPAÑERO ES VUESTRO HERMANO...

...EN LA BATALLA, DE ÉL DEPENDE VUESTRA VIDA.

ACABARÉIS DISTINGUIENDO A VUESTRO COMPAÑERO EN MITAD DE LA NOCHE SÓLO POR SU SILUETA.

YO HE TENIDO LA SUERTE DE CONOCER VERDADEROS HERMANOS. Y ESO DEBO AGRADECÉRSELO A...

...HITLER POR INICIAR ESTA GUERRA QUE...

¡YO ME CARGO A ESTE IMBÉCIL!

REITER CASI LO MATA. SU FAMILIA, QUE NO SIMPATIZABA CON EL NAZISMO, HABÍA SIDO EJECUTADA EN ALEMANIA POR HITLER.

...BUENAS MÁQUINAS ESOS HALF-TRACKS QUE SE TRAJERON DE CASABLANCA.

SÍ, MI COMANDANTE, SE MUEVEN CON VELOCIDAD EN EL COMBATE.

DENTRO DE UNOS DÍAS LLEGARÁN LOS MODERNOS BLINDADOS SHERMAN.

Y YA ESTAREMOS LISTOS PARA EMBARCAR HACIA EUROPA.

¿QUÉ TAL VA LA NUEVE?

LA COMPAÑÍA YA ESTÁ FAMILIARIZADA CON EL ARMAMENTO AMERICANO. ESTÁN ANSIOSOS POR PARTIR.

¿HAN BAUTIZADO SUS VEHÍCULOS? LA TRADICIÓN DICE QUE HAY QUE HACERLO ANTES DE ENTRAR EN COMBATE.

YA CONOCE A LOS ESPAÑOLES, SEÑOR. NO SE PONEN DE ACUERDO.

UNOS QUIEREN PONERLES NOMBRES DE HÉROES ANARQUISTAS, OTROS DE SOCIALISTAS, OTROS DE COMUNISTAS...

NO, NO... EL GENERAL LECLERC NO QUIERE NADA DE POLÍTICA. BUSQUEN NOMBRES QUE NO DEN PROBLEMAS. NOMBRES DE CIUDADES ESPAÑOLAS, POR EJEMPLO.

VEO QUE AL FINAL OS HABÉIS PUESTO DE ACUERDO.

¿ESOS NOMBRES DE CIUDADES...?

¿...SON EN LAS QUE NACIERON?

ERAN LAS CIUDADES DONDE LOS REPUBLICANOS HABÍAMOS COMBATIDO A FRANCO.

SI LECLERC PREGUNTA, SON LAS CIUDADES DONDE HABÉIS NACIDO.

PARA MI JEEP BUSCAD UN NOMBRE MENOS COMPROMETEDOR.

¡ESTÁ ATERRIZANDO! ¡ESTÁ ATERRIZANDO!

¿ÉSE ES
DE GAULLE?

VIVE LA FRANCE!!

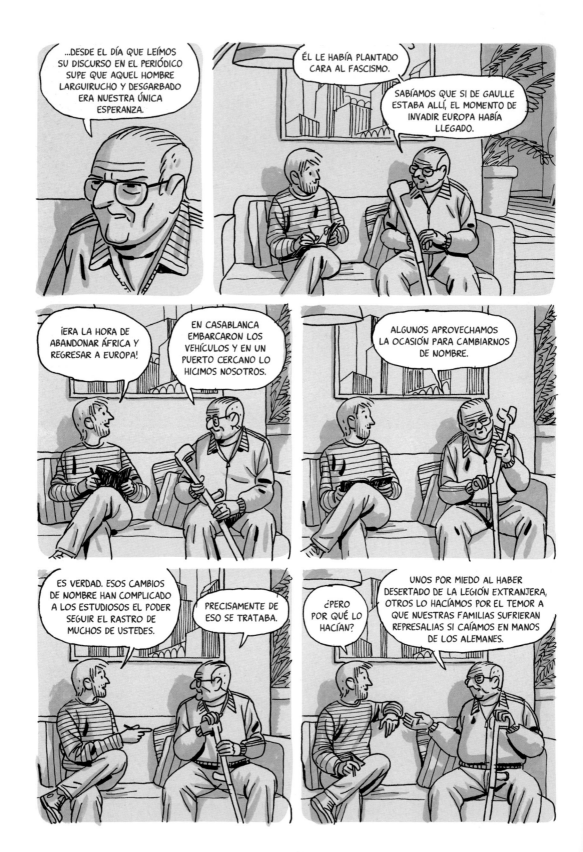

...NADAL, JOSÉ.

ESCUDERO, JULIÁN.

BELMONTE, MANUEL. CON "B".

CAMPOS, MIGUEL.

CAPÍTULO VI
SÁBADO / **REGRESO A EUROPA**

CARAY, MORENO, PARECES UN MARQUÉS DE CRUCERO.

INTENTO OLVIDAR EL VIAJE EN EL STANBROOK.

DEBEMOS DE ESTAR CERCA DE ESPAÑA, ¿NO?

ES DIFÍCIL SABERLO CON ESTA BRUMA.

DEBE ESTAR AHÍ ENFRENTE.

¿OS IMAGINÁIS QUE NUESTRO LUGAR DE DESTINO FUESE ESPAÑA?

¡JA, JA!

¡QUÉ BUENO SERÍA ESO!

QUÉ SORPRESA SE LLEVARÍA PACA LA CULONA. SE IBA A CAGAR EN LOS PANTALONES.

HAGÁMOSLO, ¿POR QUÉ NO? TOMAMOS EL CONTROL DEL BARCO Y...

¿NO HAS VISTO TODA LA FLOTA QUE TENEMOS ALREDEDOR?

ES IMPRESIONANTE FORMAR PARTE DE ALGO ASÍ. ¿VERDAD?

YA LLEGARÁ NUESTRO MOMENTO, FÁBREGAS.

...DICEN QUE UN ATAQUE DE SUBMARINO ES LO PEOR QUE TE PUEDE PASAR EN MITAD DEL OCÉANO.

TE VAS A PIQUE EN UN INSTANTE Y NO HAY BOTES PARA TODOS.

ESTÁS PÁLIDO, GITANO.

¿QUERÉIS DEJARLO YA?

YO...

NO SÉ NADAR.

NO FASTIDIES.

SOY DE JAÉN.

NO TE PREOCUPES. DA IGUAL QUE NO SEPAS NADAR.

LA COSTA MÁS CERCANA ESTÁ A MILES DE KILÓMETROS.

...YA SABÉIS QUE DEBIDO AL COMPORTAMIENTO DEL GOBIERNO DE PÉTAIN, LOS FRANCESES TENEMOS MALA PRENSA ENTRE LOS BRITÁNICOS.

NO ME EXTRAÑA, DESPUÉS DE RECIBIR A LOS ALIADOS A TIROS EN ÁFRICA.

LOS ESPAÑOLES TAMPOCO SOIS MUY BIEN VISTOS AQUÍ, OS PRECEDE LA "LEYENDA ROJA".

ESO SON CALUMNIAS DIFUNDIDAS POR EL MALNACIDO DE FRANCO.

¡SÍ!

POR ESO ES DE VITAL IMPOR-TANCIA QUE CAUSEMOS UNA BUENA IMPRESIÓN ENTRE LOS INGLESES EL TIEMPO QUE PERMANEZCAMOS AQUÍ.

DEBÉIS EVITAR PELEAS Y ROCES CON LA POBLACIÓN LOCAL.

NUESTROS PAÍSES SERÁN JUZGADOS POR NUESTRO COMPORTAMIENTO AQUÍ.

ÉSTE ES UN BREVE MANUAL DE LOS USOS Y COSTUMBRES INGLESAS: HORARIOS DE COMIDAS, CÓMO COMPORTARSE...

ESTÁ EN INGLÉS, PERO BAMBA O FÁBREGAS OS LO TRADUCIRÁN.

Y RECORDAD...

POR MUY PLÁCIDO QUE PAREZCA ESTO, SEGUIMOS ESTANDO EN ZONA DE GUERRA...

...AL ALCANCE DE LOS BOMBARDEOS ALEMANES, COMO HABÉIS VISTO ESTA TARDE EN EL AERÓDROMO.

MISTER ROYO IS SPANISH, MISS.

OH, YES, AND VERY HANDSOME.

WILL I SEE HIM TOMORROW?

¿"TOMORROW"?

YES.

¡JA, JA, JA!

NO DICE "TÚ MORO", DICE "TOMORROW". "MAÑANA", DICE "MAÑANA".

¡ANDA!

Y ADEMÁS DICE QUE ERES GUAPO.

NOS VEMOS "TOMORROW", "TOMORROW".

¿POR QUÉ NO VIENES A LA MESA CON NOSOTROS Y NOS AYUDAS CON EL INGLÉS?

¿CUÁNTO TIEMPO HACÍA QUE NO ESTABAS EN UN BAILE?

PUES CALCULA... DESDE EL 37.

PLAS

PLAS PLAS

...BÉSAME... BÉSAME MUCHO...

ESTE HERNÁNDEZ... YA SE HA SUBIDO OTRA VEZ A CANTAR.

MIGUEL, YA SE VE...

YA SE VE LA COSTA.

CAPÍTULO VII
SÁBADO TARDE / **LA INVASIÓN DE FRANCIA**

NO LA PONGAS MUY ALTA.

ES LA PRIMERA VEZ QUE SE FÍA Y ME DEJA A SUS HIJOS.

CLIK

PORQUE AHORA SABE QUE ES USTED UN HÉROE DE GUERRA.

TÚ TE REIRÁS, PERO ALGO DE CIERTO HAY.

SENTAOS AHÍ A VER LA TELE.

Madrid

Sevilla

ESTA MAÑANA ME CONTABA QUE DESEMBARCARON EN LA FAMOSA PLAYA DE UTAH. IMAGINO QUE HABRÍA CAMBIADO MUCHO DESDE EL DESEMBARCO DEL DÍA D.

YA LO CREO.

ALLÍ SE HABÍA CONSTRUIDO UN PUERTO IMPROVISADO, UN PUESTO DE MANDO... Y LOS BARCOS NO PARABAN DE LLEGAR CON TROPAS Y VEHÍCULOS.

LOS AMERICANOS SE ENCARGABAN DE DESEMBARCAR LOS BLINDADOS Y LOS HALF-TRACKS MIENTRAS NOSOTROS MIRÁBAMOS ABURRIDOS.

YA VAN DOS AL AGUA.

¿AÚN FALTA MUCHO PARA DESEMBARCAR?

LA GUERRA CONSISTE EN ESPERAR Y SER PACIENTES.

EN LA GUERRA TE PASAS CASI TODO EL TIEMPO ESPERANDO.

VAYA, ROBERT MITCHUM DECÍA QUE SER ACTOR CONSISTÍA EN LO MISMO.

DECÍA QUE ERA PASARSE EL TIEMPO SENTADO EN TU ROULOTTE ESPERANDO ENTRE ESCENA Y ESCENA.

LA GUERRA ES IGUAL, PERO SIEMPRE ESPERAS BAJO LA LLUVIA, SIN DORMIR, SIN COMER...

¿Y POR QUÉ NO PODEMOS ESPERAR EN TIERRA, TENIENTE?

O EN LOS BRAZOS DE AQUELLA INGLESITA. ¡MMMM!

¿HABÉIS OÍDO A "EL MORO"?

¿QUÉ PASA, YA SE HA ENTERADO TODA LA COMPAÑÍA?

MUCHOS DE ESOS FRANCESES SALIERON DERROTADOS DE DUNKERQUE CUANDO FRANCIA CAYÓ...

HAN PASADO CUATRO AÑOS. ¡CUATRO!

DESPUÉS DE TANTO SUFRIMIENTO, POR FIN ESTAMOS DE NUEVO AQUÍ.

LA CUCARACHA... LA CUCARACHA...

YA NO PUEDE CAMINAR...

PORQUE LE FALTAN... PORQUE NO TIENE...

¿QUÉ GRITAN SUS HOMBRES, DRONNE?

UNA CANCIÓN ESPAÑOLA, MI GENERAL.

HABLA DE UNA CUCARACHA QUE SE MUEVE MUY LENTA, MI GENERAL.

¿TIENEN PRISA POR ENTRAR EN COMBATE?

NOSOTROS TAMBIÉN TENEMOS GANAS DE BESAR DE NUEVO NUESTRA TIERRA, MI GENERAL.

¡BRAVO!

NOS DAREMOS PRISA, TENIENTE. DIOS LO QUIERA.

LUCHAR POR LA LIBERACIÓN DE FRANCIA ES HACERLO TAMBIÉN POR LA DE ESPAÑA.

BOOUM

QUE SUS HOMBRES TENGAN CUIDADO CON LAS MINAS. LOS ALREDEDORES DE LA PLAYA AÚN ESTÁN SEMBRADOS DE ELLAS.

TIENEN EL TAMAÑO DE UNA LATA DE CONSERVA Y SE DISTINGUEN PORQUE LA HIERBA ES MÁS CORTA ENCIMA.

DE GAULLE HA PRESIONADO A EISENHOWER Y MONTGOMERY PARA QUE NOS UNAMOS AL TERCER EJÉRCITO AMERICANO QUE AVANZA HACIA EL ESTE, HACIA BRETAÑA.

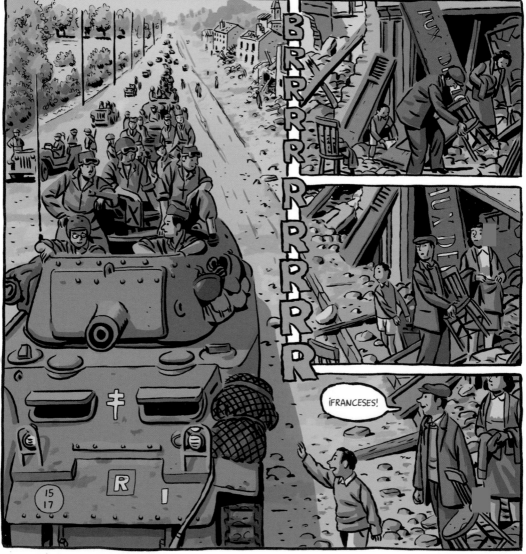

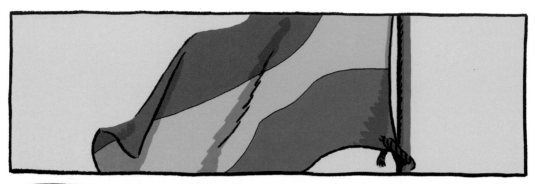

PREGÚNTALE AL AMERICANO QUE CUÁNTO.

¿POR CUÁNTO NOS DEJAS ASÍ NUESTRO SHERMAN?

CINCO.

CUATRO.

OK.

CUATRO ALEMANES.

¿TENÉIS ALGÚN OFICIAL?

OS LO CAMBIAMOS POR CIEN LITROS DE GASOLINA.

CINCUENTA.

TRAED A LOS ALEMANES.

USA 3066253

ECOUCHE

...MÍRALO TÚ MISMO. ¡CIEN KILÓMETROS POR HORA!

CON ESTO TE PLANTAS EN DIEZ HORAS EN ESPAÑA.

¿EN DIEZ HORAS SÓLO?

...TENÍAN RAZÓN LOS RESISTENTES.

NO PODREMOS CONTENER A UNA FUERZA ASÍ.

HAY QUE INFORMAR DE LA POSICIÓN AL ALTO MANDO, VAMOS.

SI LA AVIACIÓN NO ACABA CON ELLOS LO VAMOS A TENER CRUDO.

RASSS

...YA SABEMOS QUE SÍ COGE LOS CIEN KILÓMETROS HORA.

ME GUSTA ESE COCHE.

SI QUIERES NOS LO LLEVAMOS EMPUJANDO...

VOLVERÉ A POR ÉL.

HE ENCONTRADO UNA CASA UN POCO MÁS ABAJO.

...HAY UN VEHÍCULO ALEMÁN EN LA PUERTA. DEBE HABER BOCHES DENTRO.

VAYA FESTÍN QUE LES HABÍAIS PREPARADO A LOS ALEMANES.

SIÉNTENSE Y COMAN. POR FAVOR, COMAN.

SI HASTA TIENEN CALVADOS.

¿QUÉ PODÍAMOS HACER? NOS HABRÍAN MATADO SI NOS NEGÁBAMOS.

ESTO ESTÁ MEJOR QUE EL RANCHO DE LOS AMERICANOS.

A LOS ALEMANES LES COBRAMOS LA COMIDA.

...Y MUY CARA.

¡MMM... QUÉ BUENOS LOS QUESOS!

PERO PARA USTEDES ES GRATIS.

COMAN CUANTO QUIERAN.

...PARECEN DE GELATINA, COMO LA QUE TOMÁBAMOS EN INGLATERRA.

LA EXPLOSIÓN DENTRO DEL TANQUE LES HA HECHO PURÉ TODOS LOS HUESOS.

¿CÓMO SE LES OCURRE DEJAR LOS BLINDADOS AQUÍ EN MEDIO, TAN EXPUESTOS?

¿PERO CÓMO PODÍAN SABER CON TANTA EXACTITUD NUESTRAS POSICIONES?

...ERA EVIDENTE QUE ALGUIEN ESTABA INFORMANDO A LOS ALEMANES.

AQUEL HOMBRE VESTIDO DE CURA, AL QUE NADIE CONOCÍA, ERA UN ESPÍA ALEMÁN.

CAPITÁN...

ÉSTE ES EL HIJO DE UNOS GRANJEROS QUE VIVEN AL NOROESTE. ES UN VALIENTE MENSAJERO.

UN OFICIAL ALEMÁN LE HA DADO UNA CARTA PARA USTED.

¿CÓMO TE LLAMAS?

ANDRÉ, SEÑOR.

ERES UN SOLDADO DE LA FRANCIA LIBRE, ANDRÉ.

ESPÉRANOS EN EL JEEP CON REITER.

...SEGÚN EL CORONEL AL MANDO, SE RENDIRÁN SIN OFRECER RESISTENCIA.

PERO TAMBIÉN DICE QUE HAY MÁS DE UNA DOCENA DE LAS SS QUE NO ESTÁN DISPUESTOS A HACERLO.

ES UNA LOCURA. PODRÍA SER UNA TRAMPA.

PODEMOS HACERNOS CON VARIOS BLINDADOS, MUNICIONES, GASOLINA... NOS VENDRÍA MUY BIEN PARA DEFENDER LA CIUDAD.

SI OS ENVÍO A REITER, DE POSSESSE Y A TI A TOMAR EL CASTILLO, ESTARÉ DEJANDO INDEFENSA UNA POSICIÓN ANTE UN ATAQUE.

TAN SÓLO NECESITAMOS DOS HALF-TRACKS, CAPITÁN.

NOS INFILTRAREMOS TRAS SUS LÍNEAS Y LOS COGEREMOS POR SORPRESA.

DE ACUERDO. SUBAN ALLÍ Y ASEGÚRENSE DE QUE NO ES UNA TRAMPA. PERO NO HAGAN NADA SIN CONSULTARME.

...LAS SS SE HAN REFUGIADO EN EL ALA ESTE DEL CASTILLO...

TATATA

TATATA

PAW

TA TA TA

...NO SE RENDIRÁN.

PAW

¡VENCEREMOS! ¡COF, COF!

...TE-TENEMOS UN ARMA. UNA NUEVA ARMA...

UN ARMA MISTERIOSA CUYA POTENCIA OS ANIQUILARÁ.

DESTRUIRÁ A INGLATERRA Y A RUSIA.

¡COF, COF!

HITLER SERÁ EL SOBERANO DEL MUNDO.

HEIL HITLER!

¡COF, COF!

CAPÍTULO VIII
LUNES / **ÉCOUCHÉ ASEGURADA**

NO ESTÁ, PACO.

ESTÁ EN EL MÉDICO.

¿E-EN EL MÉDICO?

¿LE HA PASADO ALGO?

NO, ES UNA REVISIÓN. TODOS LOS MESES TIENE UNA.

¿NO TE DIJO QUE HOY LE TOCABA?

¡UF! POR UN MOMENTO PENSÉ QUE ERA POR MI CULPA.

EL SÁBADO LE DIJE ALGO QUE LE MOLESTÓ. DE REPENTE SE ENFADÓ Y PARECÍA MUY ALTERADO.

NO ME HA DICHO NADA.

POR ESO ESTABA TAN CALLADO ESTA MAÑANA CUANDO LE HE LLEVADO AL MÉDICO.

TARDARÁ UN PAR DE HORAS EN VOLVER.

¿ESTÁ LEJOS LA CONSULTA?

¿SABES QUÉ LE PASÓ A AQUEL NAZI DEL ASALTO AL CASTILLO DE ÉCOUCHÉ?

HEIL HITLER!

SE ESTABA DESANGRANDO DEBIDO A LAS HERIDAS.

MURIÓ PORQUE SE NEGÓ A QUE LE HICIESEN UNA TRANSFUSIÓN POR MIEDO A QUE LA SANGRE FUESE DE UN JUDÍO.

EL FANATISMO DE AQUELLOS NAZIS NOS RECORDABA EL MOTIVO POR EL QUE ESTÁBAMOS COMBATIENDO.

DE VERDAD QUE SIENTO LO DE LA OTRA NOCHE. NO PRETENDÍA JUZGARLE.

AQUÉLLA ERA UNA GUERRA MUY PERRA. COMO LO HABÍA ACABADO SIENDO LA ESPAÑOLA.

AQUELLOS PIPIOLOS IBAN TAN DESPISTADOS QUE SE HABÍAN IDO A METER JUSTO EN EL MEDIO DE NUESTRA COLUMNA.

DE POSSESSE, LLÉVATE "DE PASEO" A ESOS DOS BOCHES. NOSOTROS NOS OCUPAMOS DE LOS OTROS TRES.

VAMOS, ABAJO. ¡ABAJO!

MIGUEL, SON UNOS CRÍOS...

DEJÉMOSLOS MARCHAR. SEGURO QUE DE POSSESSE VA A HACER LO MISMO CON LOS OTROS DOS.

MÍRALOS, SE HAN MEADO DE MIEDO.

YA SÉ QUE NO PODEMOS HACER PRISIONEROS EN COMBATE, PERO ÉSTOS NO VAN A DARNOS PROBLEMAS SI LOS DEJAMOS IR.

¡DE RODILLAS, VAMOS!

¿HAS OLVIDADO QUE LOS ALEMANES SON LA CAUSA DE TODO NUESTRO SUFRIMIENTO, DE LA GUERRA DE ESPAÑA, DEL CAUTIVERIO EN ÁFRICA, DE ESTA GUERRA...?

CUALQUIERA QUE LLEVE ESE UNIFORME ES CULPABLE.

PAW PAW PAW

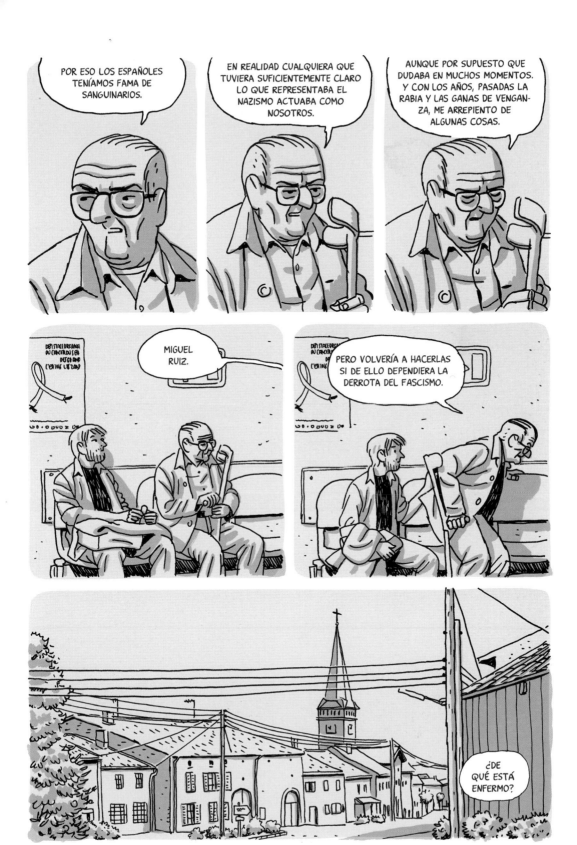

CIRROSIS HEPÁTICA.

IMAGINO QUE DEBÍ COGER UNA HEPATITIS C EN EL EJÉRCITO.

ESO ES LO MEJOR QUE LE PODÍA PASAR A UN SOLDADO DE INFANTERÍA.

TODOS LOS MESES VOY A UNA REVISIÓN PORQUE EN CUALQUIER MOMENTO LAS VENAS DEL ESTÓMAGO SE ME PUEDEN REVENTAR.

YA VES, SIGO CON LA MUERTE AL HOMBRO. COMO ENTONCES.

VOLVIENDO A SU HISTORIA, ¿QUÉ PASÓ DESPUÉS DE LA TOMA DEL CASTILLO DE ÉCOUCHÉ?

COMO TE CONTABA VOLVIMOS CON MUCHOS PRISIONEROS.

EN ESE MOMENTO LOS BOCHES ESTABAN TAN DESMORALIZADOS QUE HABLABAN CON FACILIDAD.

...HAY UNO AQUÍ, OTRO AQUÍ...

...Y OTRO DEPÓSITO DE GASOLINA ESCONDIDO AQUÍ, EN EL BOSQUE.

COMUNIQUE LAS POSICIONES AL PUESTO DE MANDO.

¿Y LAS LÍNEAS ALEMANAS DÓNDE SE ENCUENTRAN?

NO SÉ, HAY MUCHA CONFUSIÓN.

¿VE MI ASPECTO? PUES ASÍ SE ENCUENTRA NUESTRO EJÉRCITO.

CREÍMOS EN HITLER.

CREÍMOS QUE IBA A ENGRANDECER ALEMANIA. QUE NOS SACARÍA DE LA MISERIA.

Y NOS HA DEJADO EN MITAD DE LA MIERDA.

¿...QUE NO ESTÁN MAL?

...DAN ASCO ESTAS ALUBIAS AMERICANAS.

YO TENGO UNAS GANAS DE COMER UNA BUENA FABADA.

YO LO QUE ECHO DE MENOS ES UN BUEN JAMÓN.

MI MADRE HACE UNA FABADA ESPECTACULAR.

VOY A ECHAR UNA OJEADA.

¿QUÉ ESTARÁ HACIENDO AHORA MI MADRE?

SEGURO QUE ME DA POR MUERTO.

EN MADRID HAY UN SITIO DONDE PONEN UN JAMÓN...

SI NOS QUEDAMOS AQUÍ, A LA DEFENSIVA, CORREMOS EL RIESGO DE SER MASACRADOS.

SI ATACAMOS, ENMASCARAREMOS NUESTRA DEBILIDAD.

TATATA

ME PARECE UNA LOCURA, CAPITÁN.

PERO HAREMOS LO QUE USTED ORDENE.

DEMASIADO TIEMPO JUNTOS, GRANELL.

USTEDES SE HAN VUELTO MÁS DISCIPLINADOS Y YO SOY AHORA UN TEMERARIO.

A LAS CUATRO EMPEZAREMOS A CASTIGAR LAS POSICIONES ALEMANAS CON FUEGO DE ARTILLERÍA Y MORTERO.

EMPEZARÁ EL ATAQUE MONTOYA. PRIMERO LOS GRUPOS DE PORESKI Y GUALDA, LOS SEGUIRÁ EL DE PUJOL.

¡QUE DIOS NOS BENDIGA! ¡¡ADELANTE, MIS COSACOS!!

TATATATA PAW

¡HAY QUE EVITAR QUE CRUCEN EL RÍO!

PAW
PAW
PAW
PAW

PAW
PAW
PAW
PAW

TATATATATA

EL PLAN DEL CAPITÁN ERA TEMERARIO, PERO FUNCIONÓ Y UNA HORA Y MEDIA DESPUÉS, LOS ALEMANES SE REPLEGABAN INTIMIDADOS.

EL COMBATE ACABÓ SIENDO UN CAOS Y AHÍ LOS ESPAÑOLES MANEJÁBAMOS LA SITUACIÓN MEJOR QUE ELLOS.

¿SE CUMPLÍA EL TÓPICO DE LOS ALEMANES CUADRICULADOS Y LOS ESPAÑOLES IMPROVISADORES?

SE PODRÍA DECIR QUE SÍ.

AÚN TUVIMOS UNOS CUANTOS ESCARCEOS ANTES DE LA LLEGADA DE LOS REFUERZOS.

AL DÍA SIGUIENTE DE SER REEMPLAZADOS, OÍMOS EN LA BBC LA NOTICIA DE QUE LOS INGLESES HABÍAN TOMADO ÉCOUCHÉ. NOS DIO MUCHA RABIA.

¿EN SERIO? ÉSA FUE LA PRIMERA DE LAS VECES QUE SE BORRARÍA EL PAPEL DE LA NUEVE EN LA HISTORIA.

PARA ENFADO DE PATTON, MONTGOMERY SE ATRIBUÍA LAS VICTORIAS.

PARA LOS INGLESES, EL EJÉRCITO FRANCÉS Y EL AMERICANO ERA COMO SI NO EXISTIERA.

LA NUEVE DEJÓ ALLÍ MUCHOS MUERTOS, ¿NO? Y LLEVABAIS SEMANAS SIN DESCANSAR.

PRÁCTICAMENTE SIN DORMIR. DENCANSAS POR TURNOS SÓLO UNAS POCAS HORAS. ESTÁS NERVIOSO, EN TENSIÓN... ES UNA ESPECIE DE DUER-MEVELA CONSTANTE.

CAPÍTULO IX
LUNES TARDE / **DIRECTOS A PARÍS**

CAMARADA
ESTRELLA

...OH MAN! WONDER IF HE'LL EVER KNOW HE'S IN THE BEST SELLING SHOW IS THERE LIFE ON MARS? ♪ ♫

IT'S ON AMERICA'S TORTURED BROW...

BUENAS TARDES, ALBERT.

ESO DE BUENAS ES MUCHO DECIR.

SI TE ESPERAS UN MOMENTO TE ACOMPAÑO A CASA DE MIGUEL.

¡CLIK!

VAYA VIDA LA SUYA, EH.

Y YO QUE PENSABA QUE MI JUVENTUD HABÍA SIDO INTENSA...

POR CIERTO, ¿QUIÉN ESTÁ ENTERRADO EN ESA TUMBA QUE CUIDA MIGUEL?

LA VERDAD ES QUE NO LO SÉ.

LO RECUERDO SIEMPRE LLEVANDO FLORES, PERO NUNCA LE HE PREGUNTADO QUIÉN ESTÁ ENTERRADO AHÍ.

ALGÚN FAMILIAR, SUPONGO.

EN LA INSCRIPCIÓN SÓLO DICE "CAMARADA ESTRELLA".

¿"CAMARADA ESTRELLA"?

¿SERÁ ALGÚN COMPAÑERO DE LA GUERRA?

PUEDE SER.

HE COMIDO EN EL RESTAURANTE DE JULIETTE.

¿HA PREGUNTADO POR MÍ?

¿QUÉ LE HA PARECIDO EL LIBRO DEL CAPITÁN DRONNE?

ME HA EMOCIONADO LEER CÓMO HABLA DE LA NUEVE.

NO SABÍA QUE NOS APRECIARA TANTO.

248

¿Y QUÉ PENSABA LECLERC DE TODO ESO?

"EL PATRÓN" ESTABA FURIOSO.

POR LA RADIO SE HABÍA ANUNCIADO UNA NUEVA SUBLEVACIÓN EN PARÍS Y LAS NOTICIAS ERAN CONFUSAS.

¿QUIÉN DECIDIÓ ENTONCES ENTRAR EN PARÍS?

DE GAULLE INSISTIÓ A LOS ALIADOS EN QUE TENÍAN QUE ENTRAR EN PARÍS ANTES DE QUE SE PRODUJESE UNA MASACRE.

PERO NO ESTABAN CONVENCIDOS, NO PARECÍA PREOCUPARLES EL TEMA DE LA SUBLEVACIÓN. PERO AL FINAL LOS CONVENCIÓ POR UN MOTIVO ESTRATÉGICO.

PARÍS TIENE MÁS DE UNA DOCENA DE PUENTES BLINDADOS QUE PERMITÍAN UN AVANCE MÁS RÁPIDO DE LAS TROPAS.

ASÍ QUE EL 22 LOS ALIADOS DIERON LUZ VERDE A LA LIBERACIÓN DE PARÍS.

HE OÍDO QUE UNA DE LAS RAZONES DE PESO OCULTAS DE DE GAULLE ERA QUE NO QUERÍA QUE LOS COMUNISTAS, QUE ERAN MAYORÍA ENTRE LOS SUBLEVADOS, LE QUITARAN LA GLORIA DE LA LIBERACIÓN.

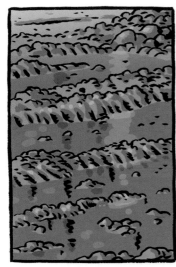

TENIENTE GRANELL, YA TENEMOS ÓRDENES.

DEBEMOS AVANZAR HASTA AQUÍ, AL SUR DE PARÍS.

TOMAREMOS LA CARRETERA ORLEANS-ESTAMPES-PARÍS.

¿SE ESPERA RESISTENCIA?

ESO PARECE. AVANZAREMOS POR CAMINOS SECUNDARIOS E IREMOS RECOGIENDO INFORMACIÓN DE LA GENTE SEGÚN AVANCEMOS.

PARTIREMOS EN CUANTO ESTÉN LISTOS LOS COSACOS.

SÍ, MI CAPITÁN.

LIMPIAD LAS BOTAS DE "CHOCOLATE" Y PREPARAD LAS CÁMARAS FOTOGRÁFICAS.

NOS VAMOS A PARÍS.

SI RODEAMOS FRESNES, ESTOY SEGURO DE QUE EL CAMINO ESTARÁ LIBRE HASTA PARÍS.

PODRÍA IR CON UNA SECCIÓN A VER HASTA DÓNDE SE PUEDE LLEGAR.

MI CAPITÁN, ÓRDENES DEL CORONEL BILLOTTE. DEBEMOS REPLEGARNOS AL EJE PRINCIPAL DEL AVANCE.

COMUNÍQUELES QUE ESTAMOS EN FRESNES Y CREEMOS QUE HAY UNA VÍA ABIERTA HASTA PARÍS.

SÍ, CAPITÁN.

ESTOY EMPEZANDO A PONERME NERVIOSO CON TANTA ORDEN Y CONTRAORDEN.

PARECE QUE NADIE SABE NADA. LLEVAMOS TODO EL DÍA ASÍ.

95122

ORDEN CONFIRMADA, CAPITÁN. DEBEMOS RETROCEDER.

NO ME LO PUEDO CREER.

COMUNÍQUELES QUE EL CAMINO ESTÁ LIBRE HASTA PARÍS.

95122

...TUVIMOS QUE RETROCEDER. NO NOS LO PODÍAMOS CREER.

MIENTRAS UNA SECCIÓN SE QUEDABA PARA CARGARSE UN CAÑÓN ALEMÁN, EL RESTO RETROCEDIMOS HASTA CROIX DE BERNY.

GRANELL IBA UNOS KILÓMETROS POR DELANTE Y FUE EL PRIMERO EN LLEGAR.

SIEMPRE ERA EL MÁS RÁPIDO AL VOLANTE.

ES PARADÓJICO QUE ACABARA MURIENDO EN UN ACCIDENTE DE TRÁFICO EN LOS SETENTA.

NO LO SABÍA HASTA QUE LO HE LEÍDO EN EL LIBRO DE DRONNE.

SUPONÍA QUE HABRÍA MUERTO YA, CLARO... ÉL ERA MAYOR QUE YO, PERO PARA MÍ ES COMO SI ACABASE DE MORIR.

LO QUE SIENTO ES QUE NUESTRA ÚLTIMA CONVERSACIÓN FUERA UNA DISCUSIÓN.

EL CASO ES QUE GRANELL FUE EL PRIMERO EN ENCONTRARSE CON "EL PATRÓN".

TENIENTE GRANELL...

¿DÓNDE ESTÁ DRONNE?

VIENE DETRÁS, CON EL RESTO DE LA COMPAÑÍA, MI GENERAL.

¿DE DÓNDE VIENEN?

DE FRESNES.

¿CÓMO ESTABA EL CAMINO?

DESPEJADO HASTA DONDE LLEGAMOS.

¿TIENEN COMBUSTIBLE SUFICIENTE PARA LLEGAR A PARÍS?

SÍ, SEÑOR. HABER HECHO LA CAMPAÑA DE TÚNEZ NOS HIZO SER AHORRADORES.

ESTAMOS TAN CERCA...

SI ENTRAMOS EN PARÍS, FRANCIA ESTARÁ LIBERADA AL FIN.

LA SITUACIÓN ES CRÍTICA EN PARÍS. SI NO ENTRAMOS INMEDIATAMENTE EN LA CIUDAD, NOS ARRIESGAMOS A REPRESALIAS ENORMES DE LOS BOCHES CONTRA LA POBLACIÓN.

SE TRATA DE TRANSMITIR CORAJE, DRONNE. LOS SUBLEVADOS HAN TOMADO LA PREFECTURA DE POLICÍA Y EL AYUNTAMIENTO, PERO NO PODRÁN AGUANTAR MUCHO.

DEBEMOS ENTRAR HOY MISMO EN PARÍS. Y DEBEMOS HACERLO ANTES DE QUE LO HAGAN LOS AMERICANOS.

SU COMPAÑÍA ESTÁ AVANZADA Y TIENE COMBUSTIBLE.

ASÍ QUE, CAPITÁN DRONNE, ENFILE RECTO Y ENTRE EN PARÍS.

A LA ORDEN, GENERAL.

PERO SÓLO TENGO AQUÍ DOS SECCIONES. ME HARÍA FALTA ALGO MÁS.

COJA LO QUE PUEDA.

¿DEBO EVITAR EL COMBATE SI ENCUENTRO RESISTENCIA EN EL CAMINO?

VAYA POR DONDE QUIERA, NO SE PREOCUPE POR LO QUE DEJE ATRÁS, PERO ENTRE ESTA NOCHE EN PARÍS.

ANTES DE MAÑANA DEBEMOS ESTAR ALLÍ.

SÍ, MI GENERAL.

¿PERO CUÁL ES EL OBJETIVO? ¿QUÉ DEBEMOS...?

¿AÚN ESTÁ AQUÍ?

MORT AUX CONS

Y CAMBIE DE UNA VEZ EL NOMBRE DE SU JEEP.

...Y AGUANTAR HASTA QUE LLEGUE MAÑANA LA DIVISIÓN.

SÍ, ¿PERO ADÓNDE VAMOS?

LECLERC NO LO HA CONCRETADO.

LOS SUBLEVADOS SE ENCUENTRAN EN LA PREFECTURA DE POLICÍA Y EN EL AYUNTAMIENTO.

¿ENTONCES?

PUES... DIRECTOS AL AYUNTAMIENTO.

¿POR DÓNDE?

NO LO SÉ.

YO SOY DE LA SARTHE.

¿ALGUIEN SE CONOCE PARÍS?

YO VERANEO AQUÍ TODOS LOS AÑOS.

SE TE NOTA EN EL ACENTO.

¿SOIS LOS AMERICANOS?

LOS ESPAÑOLES. BUENO, LOS FRANCESES.

264

...EL GUADALAJARA FUE DETRÁS DE AQUEL ARMENIO Y SU DESTARTALADA MOTO.

NOSOTROS AVANZÁBAMOS DETRÁS, POR CALLES SILENCIOSAS Y DESIERTAS.

HASTA QUE LLEGAMOS A PORTE D'ITALIE... ALLÍ ESTABA DETENIDO EL GUADALAJARA...

VIVE LA FRANCE! VIVE LA FRANCE!

¿QUÉ HA PASADO, DE POSSESSE?

EN CUANTO HAN DESCUBIERTO QUE SOMOS EL EJÉRCITO FRANCÉS, SE HAN ECHADO A LA CALLE Y ES IMPOSIBLE AVANZAR.

¡ERES EL PRIMER SOLDADO FRANCÉS AL QUE BESO!

¡MUAC! ¡MUAC!

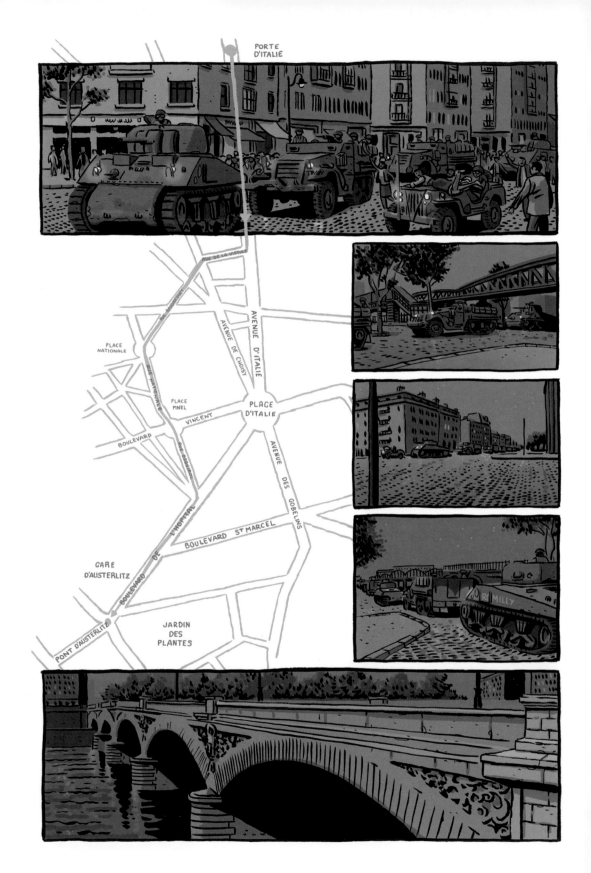

UNIVERSITÉ
JUSSIEU

QUAI DE L'HÔTEL DE VILLE

RUE DE LA CITÉ

HÔTEL
DE VILLE

¡YA HAN LLEGADO!

CAPITÁN RAYMOND DRONNE. NOVENA COMPAÑÍA DEL REGIMIENTO DE MARCHA DEL CHAD, 2DB.

AL FIN PARÍS ESTÁ LIBERADA.

NO SE MUEVA, PREFECTO. VOY A HACERLE UNA FOTO CON EL OFICIAL.

VENDREDI 25 AOÛT 1944

LIBERATION
ÉDITION DE PARIS

ILS SONT ARRIVÉS !

Le capitaine BRONNE, de la division Leclerc, sur son char "Romilly" est le premier Français qui arriva à l'Hôtel de Ville

LE PREMIER SOLD
HIER SOIR A

¿ES GRANELL? ¿GRANELL FUE LA PORTADA DE LOS PERIÓDICOS?

ESE HONOR LE CORRESPONDÍA A DRONNE. PERO ALLÍ HABÍA MUCHA CONFUSIÓN...

QUIZÁ DRONNE NO PUDO HACERSE UNA FOTO CON LAS AUTORIDADES Y ACABARON USANDO LA DE GRANELL.

INCLUSO ESTÁ ESCRITO MAL EL NOMBRE DE DRONNE. PONE "BRONNE".

EL CASO ES QUE ESA PORTADA ES EL TESTIMONIO DEL LARGO CAMINO QUE HICIMOS LOS ESPAÑOLES EN EL EXILIO.

...TENGO DELANTE DE MÍ, EMBUTIDO DENTRO DE UN GRAN CASCO, A UN VALIENTE SOLDADO FRANCÉS, A UN CHICO DE LOS NUESTROS.

¿MUCHACHO, DÓNDE HAS NACIDO?

EN CONSTANTINOPLA.

¿ME PERMITE, CAPITÁN BRONNE?

ES DRONNE, RAYMOND DRONNE.

VENGA AQUÍ UN MOMENTO, JUNTO AL PREFECTO.

PAW PAW TATA-TA-TA-TATA-TATA

ESO HA SIDO FUEGO DE AMETRALLADORA.

VAMOS ABAJO.

¿QUÉ HA OCURRIDO?

¿DE DÓNDE HA VENIDO ESA RÁFAGA?

AQUEL GRUPO DE RESISTENTES HA DISPARADO AL AIRE PARA CELEBRAR NUESTRA LLEGADA.

EL NOVATO DE LA SECCIÓN DE ZAPADORES PENSABA QUE NOS ATACABAN Y SE HA PUESTO A DISPARAR COMO LOCO, CAPITÁN.

TOME EL MANDO, GRANELL, Y SUPERVISE LAS DEFENSAS. DEBEMOS ESTAR ALERTA.

CAMARADA, NO ME PUEDO CREER QUE ESTÉS AÚN MÁS SUCIO QUE A BORDO DEL STANBROOK.

ESPERO QUE POR LO MENOS YA NO TENGAS PIOJOS.

¿NO TE ACUERDAS DE MÍ?

¿CÓMO ME IBA A OLVIDAR DE ESA SONRISA, CAMARADA?

PERO... ¿QUÉ HACES AQUÍ, EN PARÍS?

LO MISMO QUE TÚ, LUCHAR CONTRA EL FASCISMO.

E-ES INCREÍBLE ENCONTRARTE AQUÍ. ¿CÓMO... CÓMO...?

ES UNA HISTORIA MUY LARGA...

ESO APARECE EN LA PELÍCULA "¿ARDE PARÍS?". AUNQUE LOS HALF-TRACKS ESPAÑOLES SE VEN DE REFILÓN EN UNA ESCENA, TODO EL PROTAGONISMO SE LO LLEVAN LOS TANQUES FRANCESES: ROMILLY, MONTMIRAIL Y CHAMPAUBERT.

A MÍ ME HIZO MUCHA GRACIA VER AL ACTOR QUE HACÍA DE DRONNE. EL PROTAGONISMO DE LOS TANQUES ES NORMAL. EN AQUELLA ÉPOCA ERAN LO MÁS AVANZADO EN ARMAMENTO MILITAR. TODAS LAS MIRADAS IBAN SIEMPRE HACIA ELLOS.

DIGA...

ESTA TARDE ESTÁ CERRADO. ¿ES ALGO URGENTE?

VOY AL BAÑO UN MOMENTO.

¿LES MOLESTÓ QUE DE GAULLE NO LES CITARA EN EL DISCURSO DE LA LIBERACIÓN DE PARÍS?

HOMBRE, ¿CÓMO IBA A NOMBRAR A UNA INSIGNIFI- CANTE COMPAÑÍA EN UN DISCURSO ASÍ?

LEÍ EN UN LIBRO QUE EN EL DISCURSO DE DE GAULLE EN TOULOUSE AGRADECIÓ EL IMPORTANTE PAPEL QUE DESEMPEÑA- RON LOS RESISTENTES ESPAÑOLES. ADEMÁS HUBO UNA ANÉCDOTA GRACIOSA...

...LA NUEVE HA SIDO LA PRIMERA COMPAÑÍA EN ENTRAR EN PARÍS, POR ESO NOS CORRESPONDE ESTE HONOR...

...ESCOLTAREMOS AL GENERAL DE GAULLE Y A LAS AUTORIDADES EN EL DESCENSO POR LOS CAMPOS ELÍSEOS.

JUSTO DETRÁS DE LA COMITIVA DE DE GAULLE IRÁN A LA DERECHA LES COSAQUES Y EL MADRID. AL OTRO EL DON QUICHOTTE Y LES PINGOUINS.

DETRÁS, EL TENIENTE GRANELL ENCABEZARÁ AL RESTO DE LA COMPAÑÍA.

¡CÓGELA!
¡CÓGELA!

NO,
FÁBREGAS.

GRANELL NOS HA
ORDENADO QUE NADA
DE POLÍTICA HOY.

MIGUEL, NO SEAS BRUTO, HOMBRE. SI LE PEGAS UN PEPINAZO CON "EL ABUELO" AL CONSULADO ESPAÑOL, NOS LLEVAN DE CABEZA A UN TRIBUNAL MILITAR.

YA NO HAY NI UNA SOLA ESVÁSTICA EN PARÍS. ÉSE ES EL ÚNICO SÍMBOLO FASCISTA QUE QUEDA.

QUE SE ENTERE FRANCO DE QUE AHORA VAMOS A POR ÉL.

ESTOY DE ACUERDO CONTIGO, PERO NO PIENSES SIEMPRE COMO UN ANARQUISTA.

VAMOS.

ENTONCES SÍ QUE PARÍS ERA UNA FIESTA.

CAPÍTULO X
LUNES NOCHE / **CAMINO DE MADRID**

¡Y CINCO!

ALLONS ENFANTS DE LA PATRIE...

HOMBRE, QUÉ TENEMOS AQUÍ...

PERO SI SON DOS DE ESOS REPUBLICANOS ESPAÑOLES DEL EJÉRCITO DE LECLERC.

ADELANTE...

ME ALEGRA VOLVER A VERLES.

¿SABEN QUE CONOCÍ A SU CORONEL PUTZ EN LA GUERRA DE ESPAÑA?

UN HOMBRE SIN MIEDO A LA MUERTE.

TODO EL REGIMIENTO RESPETA AL CORONEL.

BUENO, ¿CUÁNDO PODREMOS BRINDAR EN MADRID?

ESPEREMOS QUE PRONTO, SEÑOR HEMINGWAY.

HE VISTO A LOS ALEMANES LLEVARSE A MUCHOS CAMARADAS.

PERO HA VALIDO LA PENA.

LA LIBERACIÓN DE FRANCIA ESTARÍA SIENDO MUCHO MÁS DIFÍCIL SIN EL TRABAJO QUE HABÉIS HECHO.

INCLUSO AQUÍ EN PARÍS...

NOS LO HABÉIS FACILITADO MUCHO ACORRALANDO A LOS ALEMANES EN SUS POSICIONES.

FÍJATE AHÍ DENTRO. TODOS SON AHORA RESISTENTES. VAS POR LA CALLE Y TODO EL MUNDO LLEVA EL BRAZALETE BIEN VISIBLE.

ES UNA CIUDAD PRECIOSA, ¿VERDAD?...

...ME ENCANTA VIVIR AQUÍ. SI TIENES TIEMPO TE ENSEÑARÉ MIS LUGARES FAVORITOS.

PERO YA QUIERO VOLVER A ESPAÑA. ECHO DE MENOS A LA GENTE QUE DEJÉ ALLÍ.

COMO HA DICHO HEMINGWAY, EL PRÓXIMO BRINDIS SERÁ EN MADRID.

TE APUESTO LO QUE QUIERAS A QUE LLEGO A MADRID TAMBIÉN ANTES QUE TÚ.

¡ACEPTO!

PERO TE ADVIERTO QUE YO NO PUEDO PERDER...

LLEVO MI AMULETO DE LA SUERTE.

¿QUÉ ES ESO?

¿N-NO LO RECUERDAS?

¿ES LA LLAVE DE UNA LATA DE CONSERVAS?

¡ME LO DISTE TÚ EN ORÁN!

¿Y HAS LLEVADO TODOS ESTOS AÑOS AHÍ COLGADO ESE ABRELATAS OXIDADO?

¿...ENTONCES, CUÁNDO PARTÍS?

MAÑANA.

DEBEMOS IMPEDIR QUE LOS ALEMANES CRUCEN LA LÍNEA SIGFRIDO.

EL FINAL DE LA GUERRA YA ESTÁ CERCA.

TODAVÍA PUEDE ALARGARSE MUCHO. LOS ALEMANES AÚN NO ESTÁN VENCIDOS.

CADA VEZ ESTOY MÁS CONVENCIDO DE QUE INVADIR ESPAÑA NO ENTRA EN LOS PLANES DE LOS ALIADOS.

ESTOS DÍAS HE CONTACTADO CON ANTIGUOS CAMARADAS ANARQUISTAS AQUÍ, EN PARÍS.

PREPARAN UNA INVASIÓN DE ESPAÑA POR LOS PIRINEOS.

PERO NO TIENEN ARMAMENTO MODERNO.

YO PUEDO CONSEGUIRLES ARMAS EN EL FRENTE Y ENVIARLAS A LA RETAGUARDIA SIN QUE SE ENTEREN LOS MANDOS.

¿PODRÍAN FUSILARTE POR ESO?

HAY MUCHO MATERIAL ABANDONADO EN EL CAMPO DE BATALLA QUE PODRÍA SIGNIFICAR LA DIFERENCIA ENTRE EL ÉXITO O LA DERROTA DE LA INVASIÓN.

FÁBREGAS Y YO YA LO TENEMOS TODO PLANEADO.

HEMOS REPARADO UN HALF-TRACK AVERIADO QUE USAREMOS PARA CARGAR EL ARMAMENTO.

VE CON CUIDADO, POR FAVOR.

¿DE QUÉ TE RÍES AHORA?

SERÍA PARA DESHUEVARSE...

VENCER A FRANCO CON EL ARMAMENTO ALEMÁN.

TEN MUCHO CUIDADO, CAMARADA.

SIN EL APOYO DE LOS ALIADOS ESA INVASIÓN ES ABSURDA, MIGUEL. SÓLO VA A PROVOCAR OTRA GUERRA CIVIL EN ESPAÑA.

PUES LUCHAREMOS EN ELLA, PERO ESTA VEZ EN IGUALDAD DE CONDICIONES.

LLEVAMOS AÑOS ESPERANDO, AGUANTA UN POCO MÁS. CUANDO CAIGA HITLER, LOS ALIADOS IRÁN A POR FRANCO.

ÉSTA YA NO ES NUESTRA GUERRA, GRANELL, NO SOMOS MÁS QUE CARNE DE CAÑÓN AQUÍ.

TÚ Y YO SABEMOS QUE LOS ALIADOS NO VAN A ENTRAR EN ESPAÑA.

CADA VEZ ESTAMOS MÁS LEJOS.

YA VERÁS CÓMO EN CUANTO LA GUERRA ACABE Y LOS ALIADOS VEAN QUE SOMOS CAPACES DE CREAR UN GOBIERNO ESTABLE...

SI NOSOTROS NO TOMAMOS LAS RIENDAS DE LA LIBERACIÓN DE ESPAÑA NADIE LO HARÁ.

HAS CAMBIADO, GRANELL. TE HAS VUELTO UN CONSERVADOR. UN INGENUO.

OJALÁ HUBIERA HECHO VOLAR EL CONSULADO POR LOS AIRES. QUIZÁ HABRÍA PROVOCADO ALGUNA REACCIÓN.

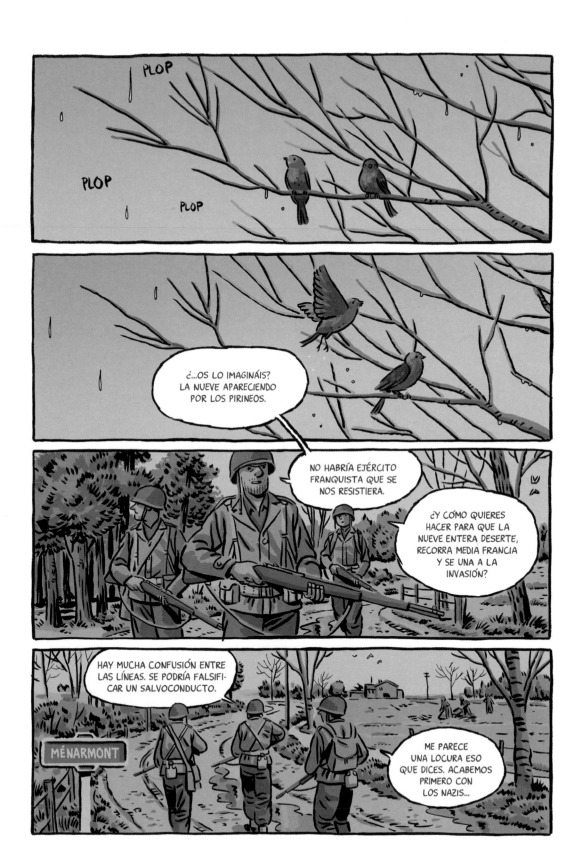

VAMOS, ALICIO.
NO ME DIGAS QUE
NO SERÍA GLORIOSO
ALGO ASÍ.

TENGO LOS PIES
HELADOS.

QUÉ ASCO
DE TIEMPO.

TATATA TATATA TATATA TATATA

LOS ALEMANES LES TENDIERON UNA EMBOSCADA. ESTÁBAMOS REPITIENDO DEMASIADO ESAS PATRULLAS. YO YA LO DIJE.

FÁBREGAS, ALICIO Y MARCEL CAYERON BAJO LA MISMA RÁFAGA DE AMETRALLADORA. IBAN MUY JUNTOS...

DESPUÉS DE LA MUERTE DE FÁBREGAS YA NADA VOLVIÓ A SER IGUAL.

AQUELLA GUERRA ME IMPORTABA UNA MIERDA. YO SÓLO QUERÍA SALIR DE ALLÍ CUANTO ANTES.

A LAS AFUERAS DE HABLANVILLE ENCONTRAMOS RESISTENCIA...

¿ESO ESTÁ A POCOS KILÓMETROS DE AQUÍ, NO?

YO DEBÍA INFILTRARME SOLO EN LAS LÍNEAS ENEMIGAS PARA LOCALIZAR UN PANZER.

¡EN ESA MISIÓN ES DONDE DESAPARECIÓ MIGUEL CAMPOS!

TODOS LE DIERON POR MUERTO EN UNA DE ESAS ARRIESGADAS INCURSIONES QUE USTED SOLÍA LLEVAR A CABO.

SEGURAMENTE NO ES CONSCIENTE DE ELLO, PERO SU DESAPARICIÓN FUE TODO UN MISTERIO. AL NO ENCONTRARSE SU CUERPO, SE ESPECULÓ MUCHO SOBRE QUÉ PUDO HABERLE PASADO.

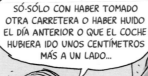
¿QUÉ FUE, UNA MINA?

SÓ-SÓLO CON HABER TOMADO OTRA CARRETERA O HABER HUIDO EL DÍA ANTERIOR O QUE EL COCHE HUBIERA IDO UNOS CENTÍMETROS MÁS A UN LADO...

HE PENSADO TANTO EN ESO. ¡TANTO!

AÚN SUEÑO MUCHAS VECES QUE AQUELLA NOCHE LAS RUEDAS DEL COCHE NO PISARON ESA MINA.

ESAS MAÑANAS SE ME HACE MUY DURO LEVANTARME DE LA CAMA Y ENCONTRARME SOLO.

¿ES ESTRELLA LA QUE ESTÁ ENTERRADA EN EL CEMENTERIO?

CAPÍTULO XI
MARTES / **LOS SIN PATRIA**

313

AQUELLA VIDA ME PARECÍA TAN LEJANA. TENÍA MUCHAS OTRAS COSAS EN LA CABEZA.

CUANDO ACABÓ LA GUERRA LE ESCRIBÍ UNA CARTA DONDE LE DECÍA QUE ESTABA VIVO Y QUE IBA A IR A VERLA A ESPAÑA.

¿Y CÓMO FUE EL REENCUENTRO?

MAL. HABÍA PASADO DEMASIADO TIEMPO. ÉRAMOS COMO EXTRAÑOS. A MI HIJO LO VEÍA POR PRIMERA VEZ Y ERA YA UN MUCHACHO. AQUELLO YA NO FUNCIONABA.

ADEMÁS ESPAÑA NO ERA SEGURA PARA MÍ. MUCHOS AMIGOS HABÍAN SIDO FUSILADOS DESPUÉS DE LA GUERRA. EL HAMBRE DE VENGANZA DEL RÉGIMEN FRANQUISTA ERA INSACIABLE. DESPUÉS DE TODO LO QUE HABÍA LUCHADO CONTRA EL FASCISMO, NO IBA A QUEDARME EN ESPAÑA Y VIVIR CON EL MIEDO A SER ARRESTADO Y FUSILADO.

ESTUVE UN PAR DE MESES ALLÍ Y UN BUEN DÍA ME DESPEDÍ DE PEPA Y DE MI HIJO, Y SALÍ DE ESPAÑA PARA NO VOLVER A REGRESAR NUNCA.

ME PARECE INCREÍBLE NO PODER DESCANSAR AL FIN, DESPUÉS DE TODO LO QUE HABÍAN PASADO USTEDES.

FÍJATE QUE EN EL EJÉRCITO DE LA FRANCIA LIBRE HUBO MUCHOS EXTRANJEROS EXILIADOS DE SUS PAÍSES POR EL FASCISMO: ITALIANOS, POLACOS, ALEMANES... COMO NOSOTROS, TODOS LUCHARON CON TODAS SUS FUERZAS CONTRA EL NAZISMO...

EN CIERTA FORMA TODOS FUIMOS IGUALMENTE IGNORADOS DE LA HISTORIA OFICIAL FRANCESA.

PERO LOS ESPAÑOLES ÉRAMOS LOS ÚNICOS QUE NO TENÍAN UN HOGAR AL QUE REGRESAR TRAS LA VICTORIA.

RAS RAS

Es un placer para mí aceptar la invitación de escribir unas líneas a manera de epílogo para esta nueva novela gráfica de Paco Roca. Me permite felicitar al autor por su obra, tanto por los aspectos artísticos como por la elección del episodio histórico que ha retratado. Acercarse al papel que desempeñaron los republicanos españoles en la victoria sobre el nazismo es un proyecto digno de celebrar.

Curiosamente, mis inicios a la historia de la Segunda Guerra Mundial fueron justamente a través de los cómics de la editorial norteamericana Marvel y las hazañas, heroicas y exageradas, del *Sergeant Rock*. Mi propio padre hablaba muy poco de su guerra, de los meses que pasó combatiendo en Francia, donde fue herido. Ante el silencio paternal, tuve que buscar respuesta a mis preguntas en los textos al alcance de un niño en aquel momento, es decir, los cómics. Está claro que fue un primer acercamiento, posteriormente profundizado con estudios escolares y, más tarde, investigaciones académicas.

En España hoy en día, son poquísimos los protagonistas de esa época aún vivos para contar sus historias. Hay, no obstante, una abundancia de textos escritos sobre la guerra civil española y sus consecuencias, pero, desafortunadamente, no todos son de calidad recomendable. Esa parte de la sociedad española sedienta de más información sobre la guerra española y la Segunda Guerra Mundial puede encontrarse perdida entre la algarabía de voces, entre los estudios serios hechos por historiadores y autores responsables y los revisionistas sin pudor ni escrúpulos que nos ofrecen refritos de interpretaciones neofranquistas sin base científica. En ese marco, no es de extrañar que un tebeo artísticamente logrado e históricamente fiable sea una opción novedosa y amena para acercarse al asunto.

Personalmente, mi acercamiento al tema de los republicanos españoles en la Segunda Guerra Mundial se produjo de forma insospechada. Fue a raíz del homenaje a las Brigadas Internacionales que se celebró en Madrid, Barcelona y otras ciudades españolas en noviembre de 1996, para el sesenta aniversario del comienzo de la batalla de Madrid. Entre dos ceremonias, durante una conversación, varios exbrigadistas norteamericanos que sabían que yo vivía en París me preguntaron insistentemente sobre la suerte corrida por los camaradas españoles que se exiliaron al país galo tras el final de la guerra. Estaban al corriente de que la recepción de esa ola de refugiados por parte de las autoridades francesas había sido decepcionante. También sabían que tanto españoles como exbrigadistas internacionales habían desempeñado un papel importante en la resistencia francesa, pero deseaban saber más y sus deseos me contagiaron. Esas ganas de profundizar en la historia por parte de los ex-Lincoln me guiaron hacia un nuevo tema de investigación.

Tras mis primeras búsquedas, encontré una curiosa fotografía en color de soldados en los Campos Elíseos en agosto de 1944. Seguramente por los uniformes y el origen del vehículo blindado en el que iban, se les identificó como estadounidenses. Sin embargo, para el que supiera analizarlos, ciertos detalles desmentían esa interpretación. En primer lugar, el vehículo estaba bautizado con el nombre de una ciudad española: Santander. Segundo, uno de los tripulantes, con el puño cerrado, hacía el saludo del Frente Popular, que, digamos, no era un gesto muy frecuente entre los soldados norteamericanos, y por último, al lado del conductor ondeaba una reducida bandera tricolor; rojo, amarillo y morado. En definitiva, no eran norteamericanos, ni siquiera franceses, sino exiliados republicanos de la División Leclerc. Esa foto me convenció de que la información para narrar la participación de los españoles en la liberación de París y de Francia existía, aunque una parte de ella dormía en los archivos y la otra estaba mal interpretada. Me propuse, pues, investigar a fondo a ese grupo de españoles antifascistas convencidos. Las obras de los primeros autores como Antonio Vilanova, Eduardo Pons Prades o Louis Stein me ofrecieron una base de partida, pero mi intención era, y sigue siendo, llegar más lejos para explicar los múltiples aspectos del compromiso de esos exiliados con la victoria aliada y la derrota del nazismo y el fascismo.

Y todo ello nos devuelve a la admirable obra de Paco Roca. La historia de esos exiliados es, por una parte, una odisea colectiva, pero por otra, cada una de las vivencias personales podría dar lugar a una novela o una película de aventuras sin tener que exagerar ni añadir capítulos inventados. Paco Roca ha elegido ilustrar esta aventura a través de personajes históricos verídicos. Además, varias de las anécdotas, quizás las más inverosímiles, representan acontecimientos reales. Le corresponde al lector decidir por sí mismo cuáles son.

Terminaré estas breves palabras agradeciendo al autor haber elegido este tema para su nueva obra y pidiéndole que me perdone los dolores de cabeza que, seguramente, le he provocado al ser tan intransigente con ciertos detalles históricos. Sería de suponer, a lo mejor, que el lector no se detendría en ellos o que no le importarían mucho. Si el dibujo es bueno y la trama está bien llevada, como es el caso en este tomo, el lector se deja fácilmente convencer y entretener. Sin embargo, para el historiador apasionado, los detalles son el corazón de la historia. Espero que los lectores disfruten con la obra como me he deleitado yo en la colaboración y el intercambio con el autor. Estoy seguro de que lo harán, y al hacerlo rendirán un merecido homenaje a un puñado de protagonistas de la historia democrática española.

Robert S. Coale. París, Francia
13 de octubre de 2013

Agradecimientos

Decidir a qué proyecto le vas a dedicar los siguientes años de tu vida es siempre algo difícil. Si hubiera sabido el trabajo que tenía por delante con *Los surcos del azar,* posiblemente el proyecto seguiría en el limbo que es ese cajón de mi escritorio de "los proyectos que algún día haré, pero no será hoy". Pero cuando una idea brota ya no se deja encerrar.

La semilla se plantó en 2008, en una visita a París. El día anterior a mi charla en el Instituto Cervantes, Evelyn Mesquida presentaba su libro *La Nueve, los españoles que liberaron París,* junto a dos de los excombatientes de aquella compañía, Manuel Fernández y Luis Royo.

Enrique Camacho, el entonces director del Cervantes de París, y Raquel Caleya, agregada cultural (y tiempo después Juan Manuel Bonet, el nuevo director), abonarían esa semilla que empezó a brotar a mi vuelta a casa y que se convertiría en mi obsesión para los próximos cinco años.

Comenzaba entonces el proceso de documentación y mi primer viaje fue a Alicante para conocer a Evelyn. A lo largo de aquel desayuno me contó amablemente muchos detalles de las entrevistas que realizó a los veteranos de La Nueve.

También me fueron de gran ayuda los documentales *La Nueve, los olvidados de la victoria,* de Alberto Marquardt, y *Cautivos en la arena,* de Joan Sella y Miguel Mellado. Los libros de Ponds Pradés, *El hombre que liberó París* de Rafael Torres, *Más allá de la muerte y el exilio* de Louis Stein, éste último junto con algunos más me los regaló Angux, y diversos artículos y entrevistas como la que Vicente Talón le hiciera a Amado Granell en los años setenta.

El largo exilio español arranca con el final de la guerra civil y para esa parte José Azkárraga me fue de gran ayuda al pasarme mucha información sobre ella y sobre el exilio en el norte de África. También Ángel Mompó me ayudó en esta parte africana y me consiguió textos del escritor Max Aub en los que hablaba de su paso por los campos argelinos.

Para la dantesca espera en el puerto de Alicante, Jordi Navas me consiguió los artículos aparecidos en el *Diario Información* de Alicante.

Reconozco que, hasta ahora, mi contacto con el tema bélico se limitaba al visionado de los clásicos cinematográficos del género; además, felizmente no hice el servicio militar en su momento, así que para esta historia necesitaba un buen asesor. Fue una suerte conocer a Juan Rey. Sin su ayuda hubiera sido imposible haber hecho esta historia. Sobre todo este último año, a diario aclaraba mis dudas sobre algunos aspectos del uniforme de La Nueve, sobre armamento, insignias o vehículos. Durante este tiempo ha sido "el comodín de la llamada", cuando una duda paralizaba el avance del proyecto. En un viaje a Madrid, me prestó un buen montón de valiosos libros incunables que se me desparramaron nada más dármelos en plena Gran Vía madrileña. Pero Juan no actuaba solo, contaba con la ayuda de la Asociación Histórico-Cultural. C. "La Nueve". También Javier de Luelmo, gran experto en carros de combate, me inundó con documentación gráfica.

Laureano Domínguez me ayudó hábilmente a conseguir libros franceses ya descatalogados. Ismael Quintanilla, Cat y Ramón Palomar me ayudaron a traducirlos, ya que de haber tenido que hacerlo a mi ritmo de lectura, aún estaría terminando sus prólogos. El sensible autor Miguel Gallardo me dejó un antiguo libro sobre Leclerc muy interesante.

Un apartado aparte merece Robert Coale, historiador e hispanista norteamericano afincado en París que investiga el papel de las Brigadas Internacionales en la guerra de España, y el de los republicanos exiliados de 1939 en la victoria sobre el nazismo. Lleva años preparando un concienzudo libro sobre La Nueve y me temo que con mis continuas dudas he retrasado su publicación. Robert ha tenido la generosidad de compartir conmigo mucho material de su investigación.

Para la entrada de La Nueve en París, paseamos juntos bajo una fuerte nevada, por el recorrido que hizo la compañía, desde la Gare d'Austerlitz hasta el Hôtel de Ville. Raquel y la recién nacida Sabina me acompañaron con paciencia y con frío en el resto del trayecto hasta Porte d'Italie.

Raquel también me echó una mano con el color de este libro, y cuando la fecha de entrega se acercaba, José María Montabes se unió al grupo.

Ignacio Ferreras, al que le pasé los bocetos de esta historia, me dio sabios consejos sobre algunas partes de la historia que chirriaban. Él ha dejado de momento la animación y está preparando un cómic. Dijimos que nos intercambiaríamos los proyectos para criticárnoslos, pero aún sigo con el lápiz rojo en la mano esperando el suyo.

Héloïse Guerrier me echó una mano con los usos y costumbres franceses, Fernando Tarancón con sus sabios consejos y Javier Zalbidegoitia con sus efusivas palabras de apoyo, tan necesarias en este proyecto que parecía interminable, con sus comentarios y con su amistad.

José Luis Munuera leyó los primeros bocetos y su contagioso entusiasmo fue también un valioso combustible para la larga travesía.

Junto a mi padre pasé meses en el hospital dibujando los bocetos de toda la parte del cautiverio español en el norte de África, mientras él seguía el proceso con interés. Gracias, papá. Siento no haber sido lo suficientemente rápido como para que lo vieses acabado.

Quiero dar las gracias a todos ellos por su ayuda. Sirva también este texto como recordatorio de quien me dejó libros que en algún momento debo empezar a devolver.

Y por supuesto, gracias al capitán Dronne y sus cosacos, que hicieron de la lucha antifascista algo tan necesario como el respirar.

Paco Roca

También disponibles estas otras obras de Paco Roca

El Faro
3.ª edición
64 páginas. 11 euros
ISBN: 978-84-92769-26-1

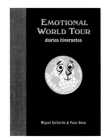

Arrugas
10.ª edición
104 páginas. 15 euros
ISBN: 978-84-96815-39-1

Arrugas
edición especial
Extra de 76 páginas con material gráfico y textos añadidos
180 páginas. 20 euros
ISBN: 978-84-15685-25-8

Emotional
World Tour
(realizado junto a Miguel Gallardo)
Edición limitada de 1500 ejemplares numerada
72 páginas. 18 euros
ISBN: 978-84-96815-99-5

Las calles de arena
4.ª edición
104 páginas. 15 euros
ISBN: 978-84-96815-91-9

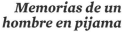

El invierno
del dibujante
4.ª edición
128 páginas. 16 euros
ISBN: 978-84-92769-81-0

Memorias de un
hombre en pijama
2.ª edición
140 páginas. 16 euros
ISBN: 978-84-15163-31-2

La metamorfosis
(libro ilustrado; texto de Franz Kafka)
240 páginas. 20 euros
ISBN: 978-84-15163-41-1

El juego lúgubre
80 páginas. 13 euros
ISBN: 978-84-15163-53-8

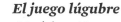

Dibujante
ambulante
2.ª edición
Varios autores
296 páginas. 25 euros
ISBN: 978-84-7795-644-0